Se libérer de la blessure d'abandon

Emilie Marche

Sommaire

Généralités

La blessure d'abandon semble être un domaine peu abordé en santé mentale. Tout comme un traumatisme complexe n'est pas répertorié comme un diagnostic dans le DSM, l'abandon n'est pas non plus mentionné comme cause de certains des problèmes de santé mentale vécus par les gens.

J'écris souvent sur les abus narcissiques. Une chose que j'ai remarquée à propos de l'abus narcissique, c'est qu'il peut provoquer une blessure d'abandon chez la victime. Souvent, les gens pensent que la maltraitance implique une sorte de violation physique, verbale ou sexuelle ; cependant, de nombreuses victimes d'abus ne sont même pas criées après . Certaines victimes d'abus sont simplement négligées et ignorées. Peu de personnes dans les professions d'aide traitent les blessures causées par le rejet ou l'abandon.

L'abandon émotionnel est le résultat d'une personne importante qui vous rejette, vous licencie, vous dévalorise ou ne vous reconnaît pas. Ce type de blessure invisible cause un grand tort au destinataire. En fait, le terme destinataire est ironique car souvent le destinataire ne reçoit rien ; quel est le problème.

Recevoir le néant d'un être cher est un abandon émotionnel qui coupe profondément le cœur de la cible. Personne ne le voit et il a tendance à se cacher en termes d'abus. Les victimes se sentent simplement vides et invisibles.

Les victimes d'abus manifestes peuvent ne pas comprendre au départ ce que cela fait d'être invisibles car elles souhaitent souvent pouvoir se cacher et devenir invisibles. Cependant, c'est une croyance erronée que d'être invisible pour un être cher ou même pour un autre non significatif est une bonne chose. Les gens ont besoin de sentir qu'ils comptent pour les autres.

Être invisible pour votre proche est une blessure existentielle. Cela vous fait sentir que vous n'avez pas d'importance et remet en question votre droit d'exister. Les recherches ont révélé que l'un des principaux moyens de blesser une personne est de l'éloigner de tout contact humain important, notamment la communication.

Une forme d'abus narcissique implique le contrôle de la communication. Cela peut se produire sous de nombreuses formes et rendre les conversations folles : murs en pierre, diatribes, ne pas aborder un problème, réticence à résoudre un conflit, ignorer, etc.

Le traitement silencieux, une arme courante des narcissiques et autres abuseurs émotionnels, provoque un profond sentiment d'abandon chez le destinataire. Certaines personnes sont tellement blessées par les incidents récurrents du traitement silencieux qu'elles se tournent vers la toxicomanie, les antidépresseurs/ anxiolytiques voire le suicide pour échapper au vide.

La blessure d'abandon peut aussi être causée par un parent absent. Quand l'un de vos parents a choisi de ne pas faire partie de votre vie, cela coupe profondément.

Il n'est pas facile pour ceux qui ont été abandonnés par un parent de trouver une explication. Certains essaient de voir le côté positif, en ignorant le fait qu'ils n'ont pas ce parent dans leur vie, mais les dommages sont toujours présents. L'abandon parental a des conséquences à vie.

Les gens apprennent à faire face à l'abandon de différentes manières. Certains prétendent que cela n'a pas d'importance, certains remettent en question leur valeur, et d'autres peuvent être ouvertement en colère. L'abandon s'accompagne de mécanismes de défense.

Pour guérir de toute perte, il n'y a qu'une seule solution principale : le deuil. Si vous avez été abandonné, que ce soit de façon permanente ou temporaire, vous êtes blessé. La seule façon de guérir une blessure émotionnelle est de faire le deuil. Voici quelques étapes que vous pouvez suivre pour faire le deuil de la perte causée par l'abandon.

Partie I : Comprendre la blessure d'abandon

La peur de l'abandon est naturelle et chacun de nous peut la ressentir à un certain niveau au cours de sa vie. Cependant, une blessure d'abandon est un point douloureux et invisible qui a le pouvoir de diriger votre vie si vous n'en êtes pas conscient.

L'abandon est une peur profondément enracinée que vous serez abandonné, rejeté ou remplacé.

L'abandon peut provenir de blessures d'enfance telles que le départ d'un parent ou d'un tuteur, le divorce ou la séparation de vos parents, le décès d'un ami proche ou d'un parent. Ou cela peut se produire plus tard dans la vie à cause d'une rupture difficile avec un partenaire, ou d'être licencié de votre emploi à long terme.

Lorsque nous avons éprouvé la douleur silencieuse de l'abandon, nous pouvons nous sentir en insécurité ou indignes d'être aimés, soignés ou respectés. L'abandon peut nous rendre incertains et incapables de faire confiance aux autres. Cela peut rendre plus difficile pour nous d'avoir la relation amoureuse que nous désirons profondément, car nous pouvons saboter l'amour par peur d'être laissés pour compte.

"Lorsque vous avez été laissé ou abandonné, cela place un point d'interrogation au-dessus de votre tête - suis-je précieux ?"

De nombreuses personnes qui subissent un abandon peuvent finir par se sentir totalement sans valeur. Puisqu'une personne importante dans leur vie les a peut-être quittés, ils auront plus de mal à affirmer leur propre sens de la valeur. Cela peut conduire à essayer de prouver leur valeur, dans leur travail, dans leur relation, en devenant un plaisir pour les gens ou un sauveur. Ils peuvent oublier qu'ils comptent.

Notre système d'attachement sera également affecté, et bien que nous ayons pu avoir une fois une position sûre dans nos relations, nous pouvons maintenant nous sentir anxieux quant à la capacité des autres à nous aimer, ou au contraire, nous pouvons éviter complètement l'amour car il peut être si douloureux de s'ouvrir à nouveau au possible de cette blessure.

Si l'abandon a ébranlé votre système d'attachement, cela peut être changé en guérissant votre peur profonde de l'abandon et en créant un attachement sécurisé.

Chapitre 1 : Mon expérience

Le traumatisme de l'abandon est quelque chose dont j'ai pris conscience depuis un certain temps, mais c'est seulement récemment que j'ai décidé de travailler pour le guérir.

Si vous avez suivi mes aventures pour surmonter les traumatismes, vous saurez que je suis actuellement très investi dans cette démarche.

L'abandon et le rejet sont des thèmes de douleur émotionnelle qui sont revenus souvent dans ma vie, donc je sais que j'ai encore des choses à travailler pour les surmonter.

J'ai déjà essayé de guérir ces blessures en moi, mais je sais que je ne suis pas complètement guéri. Il y a encore beaucoup à faire.

Alors que je me prépare mentalement à travailler sur mes traumatismes liés à l'abandon, j'y ai beaucoup réfléchi.

Je pense qu'il est important d'être très clair sur ce que signifie vraiment l'abandon.

Qu'entendons-nous par abandon et sentiment d'abandon ?

Lorsque nous sommes blessés par l'abandon, nous avons souvent l'impression d'avoir été rejetés, abandonnés ou laissés pour compte, et que cela nous a été fait délibérément ou consciemment. Il y a peut-être des situations où c'est le cas. Mais je parie que la plupart du temps, l'abandon est un sentiment émotionnel plutôt qu'une réalité objective. Bien sûr, cela peut être les deux, mais ici, je m'intéresse à l'aspect ressenti.

Si vous vous êtes perdu au supermarché ou au parc quand vous étiez enfant, vous vous êtes peut-être senti abandonné à ce moment-là. Mais je parie que vos parents ne vous ont pas vraiment abandonné. Ils vous cherchaient probablement désespérément. Cependant, à ce moment-là, l'enfant en vous SE SENTAIT abandonné. C'est très différent de l'époque où vos amis ont pensé qu'il serait drôle de vous laisser en sous-vêtements en plein milieu de la ville après une soirée arrosée.

Divorce et abandon

Mes parents ont divorcé quand j'avais quatre ans, donc je n'ai pas besoin de chercher beaucoup plus loin pour comprendre d'où viennent certains de mes problèmes d'abandon.

Je me souviens avoir pensé, enfant, que c'était de ma faute si mon père nous avait quittés, même si ma mère m'avait assuré que ce n'était pas le cas. Mais c'est ce que je ressentais et, en ce qui concerne mon moi émotionnel, c'est tout ce qui comptait.

Comme dans la plupart des divorces, les parents ne se séparent pas à cause de l'un des enfants. C'est leur relation qui est brisée. Et, lorsqu'ils finissent par se séparer, il est peu probable que le parent qui quitte le foyer familial abandonne les enfants de manière délibérée. Ils pourraient être désespérés de rester. Mais les choses ne fonctionnent tout simplement pas et cela leur brise le cœur de partir. Peu importe ce que ressent le parent qui part, les enfants se sentiront très probablement abandonnés par eux. Leur pure absence le fera.

Je pense qu'il est important d'être clair sur ce genre de choses parce que nous commençons parfois à blâmer le mélange, ce qui ne fait qu'ajouter un poids émotionnel à notre abandon. Cela n'aide pas du tout les choses et peut rendre tout cela beaucoup plus douloureux, et donc plus difficile à affronter et à résoudre.

L'abandon n'est pas toujours infligé délibérément

Prenons ma mère par exemple. Il y a des années, lorsque j'ai suivi le processus Hoffman, je me suis préparé à la multitude de problèmes de papa qui découleraient de la situation de divorce.

Ce à quoi je n'étais pas préparé, ce sont les problèmes de maman que j'ai eus, et beaucoup d'entre eux sont venus du fait qu'elle m'a abandonné en mourant subitement d'un cancer quand j'avais 30 ans. Maintenant, je suis à peu près sûr qu'elle n'est pas morte délibérément pour m'abandonner.

Mais le fait est que j'ai eu une douleur d'abandon que j'ai ressentie à la suite de sa mort si tôt dans ma vie. Avoir

30 ans sans maman est un travail difficile. Être maman sans mère l'est encore plus… comme je le découvrirai plus tard.

Le modèle familial de l'abandon

Plus je réfléchissais à l'abandon, plus je réalisais à quel point ce thème avait été vécu par ma famille et mes prédécesseurs.

- Ma grand-mère a été abandonnée par sa communauté lorsqu'elle est tombée enceinte hors mariage.

- Ma mère a été abandonnée par sa mère lorsqu'elle a été placée dans un orphelinat pendant la Seconde Guerre mondiale pour sa sécurité, pour être récupérée une fois la guerre terminée.

- Ma mère a ensuite été abandonnée par mon père, ce qui a conduit à leur divorce.

- Les parents de mon père ont divorcé quand il était jeune, alors il a aussi été abandonné par un parent.

- Ensuite moi. J'ai été abandonné par mon père dans le cadre du divorce de mes parents, et plus tard par ma mère quand elle est décédée quand j'avais 30 ans.

C'était un modèle que je portais en moi. C'est dans mon ADN. Les souvenirs d'abandon sont dans mes cellules.

Il est temps d'élargir la portée de l'élimination des traumatismes

En prenant pleinement en compte tout cela, j'ai réalisé que mon approche pour éliminer mon traumatisme cette fois-ci devait être différente de la façon dont je l'avais fait auparavant.

J'avais besoin de jeter le filet plus large que ma propre vie et ma vie in utero.

J'avais aussi besoin de gérer ces mémoires cellulaires du traumatisme.

Cela signifiait donc inclure les traumatismes ancestraux que j'ai acquis des générations précédentes.

Et pendant que j'y étais, je pourrais aussi bien y jeter les traumatismes de la vie passée!

Combien d'expériences traumatisantes ai-je vécu ?

Maintenant que j'aime les chiffres, j'étais curieux de savoir combien de ces traumatismes je portais.

Je porte plus de 27 000 expériences traumatisantes autour du thème de l'abandon, et d'être laissé de côté ou laissé pour compte.

Correction. J'étais porteur !

Oui, j'ai donc fait le déblayage. Et, comme prévu, au moment où j'ai terminé, j'étais entouré d'une montagne de tissus morveux.

Effacer les traumatismes était une expérience morveuse

Je pensais que je pleurerais des larmes émotionnelles pour celui-ci car il abordait des thèmes et des expériences dont j'avais des souvenirs clairs. Mais ce n'était pas le cas, juste des larmes de libération. Et de la morve.

C'était bon de cracher toute cette merde. Et à la fin, j'étais épuisé et je me suis couché tôt le soir. Mon subconscient avait beaucoup de travail à faire.

Puis la MAGIE est apparue…

Et le lendemain, la magie s'est opérée.

Plus j'avance sur le chemin d'une guérison plus profonde, plus je vis de moments magiques. La magie est à peu près une expérience quotidienne pour moi maintenant.

Mais je suis vraiment excité quand quelque chose se produit qui est directement lié au thème de l'autorisation que j'ai récemment faite. Pour moi, c'est un signe que l'énergie a vraiment changé et que j'ai guéri.

Eh bien, bien sûr, le lendemain, c'est arrivé.

J'ai été invité à faire partie de quelque chose de nouveau qui est très excitant. Quelque chose d'énorme!

J'ai été recherché.

J'ai été choisi pour qui je suis.

J'ai été choisi pour cela.

Cependant, quoi que je dise, une chose est claire : c'est l'OPPOSÉ D'ÊTRE ABANDONNÉ et LAISSÉ POUR COMPTE.

C'est exactement ce que mon énergie émotionnelle toxique me bloquait.

Maintenant que l'énergie est claire, ces choses sont plus facilement disponibles pour moi. Elles peuvent venir vers moi, alors qu'avant je les repoussais même.

Nos traumatismes non résolus nous maintiennent coincés

Nos traumatismes non résolus nous maintiennent coincés dans les endroits que nous voulons désespérément quitter.

Il est temps de laisser partir ces merdes. Pour de bon.

Ensuite, les choses que nous désirons vraiment peuvent entrer dans notre vie.

Chapitre 2 : Faire une introspection pour identifier ses propres responsabilités

Il est aujourd'hui prouvé que la connaissance de soi est essentielle pour se connecter avec son intérieur, analyser sa personnalité et ses pensées est une façon très saine de mieux se connaître et de pouvoir s'aimer et se respecter.

Tout cela peut être réalisé grâce à des exercices d'introspection, une méthode qui vise à ralentir le rythme effréné de notre quotidien pour nous reconnecter à nous-mêmes et analyser qui nous sommes vraiment. C'est également une méthode parfaite pour réaliser ce qui est vraiment important dans la vie et, ainsi, cesser de se soucier de bagatelles.

Nous allons vous montrer comment faire un exercice d'introspection en vous donnant quelques exemples d'exercices que vous pouvez facilement faire à la maison.

Concept d'introspection : qu'est-ce que c'est ?

Mais avant d'expliquer comment faire un exercice d'introspection, il est important de s'arrêter un instant pour mieux comprendre le sens de cette méthode.

Dans le monde de la psychologie, l'introspection fait référence à un processus qui nous permet d'examiner nos propres pensées et sentiments. On l'appelle familièrement

« faire un voyage intérieur » afin de mieux se connaître et de savoir qui nous sommes vraiment.

Grâce à l'introspection, nous pouvons réfléchir sur notre vie intérieure et mieux comprendre ce qui se passe dans notre esprit et dans nos émotions. Au cours de ces exercices, nous pourrons également renouer avec certains épisodes de notre passé que nous devons guérir afin d'évoluer. C'est donc une pratique qui vous aidera à renouer avec votre intérieur et à faire face à ces épisodes que vous ne saviez pas gérer dans votre quotidien.

Par conséquent, pour suivre cette méthode, il est important de connaître certains des meilleurs exercices d'introspection qui nous aideront à pénétrer à l'intérieur de nous-mêmes et, ainsi, à pouvoir profiter d'une vie beaucoup plus pleine et plus détendue.

4 activités d'introspection

Entrons maintenant dans le vif du sujet et découvrons quelques-uns des exercices d'introspection qui peuvent nous aider le plus à mener à bien ce voyage dans notre personne. Nous allons vous montrer quelques-unes des meilleures idées que vous pouvez facilement réaliser au quotidien et, ainsi, renouer avec votre essence authentique.

Pratiquez la méditation tous les jours

Si vous voulez savoir comment faire un exercice d'introspection, vous devez garder à l'esprit que, parmi toutes les activités disponibles, il y en a une qui est la meilleure de toutes : la méditation. Cette pratique ancestrale est la plus appropriée pour ralentir le rythme de la vie quotidienne, faire taire notre esprit et être présent dans la vie. Une manière très saine qui nous aide à « assainir » l'esprit et à réduire la présence de pensées négatives ou de peurs infondées qui peuvent être nos freins.

Il est recommandé de consacrer 15 ou 20 minutes par jour à la méditation afin de mieux contrôler petit à petit votre esprit. Cette pratique est parfaite et très simple à réaliser, et vous pouvez la faire chez vous. Vous trouverez ici quelques bons exercices pour méditer et vous détendre à la maison.

Exercices de respiration pour détendre l'esprit

Avec la méditation, la première chose recherchée est de pouvoir détendre les pensées qui inondent notre esprit. En effet, l'accumulation d'idées, de souvenirs ou de rappels nous empêche souvent de nous détendre et de prendre conscience de ce que nous sommes vraiment et de ce que nous attendons de la vie.

C'est pourquoi l'exercice que nous proposons ci-dessous est spécialement conçu pour que vous puissiez détendre votre esprit et vivre un moment de tranquillité et de connexion avec votre intérieur. Il convient aux personnes qui n'osent pas encore méditer mais qui souhaitent commencer à mieux se connaître. Pour cela, nous vous suggérons de suivre ces étapes :

Jouez de la musique relaxante.

1. Allongez-vous sur le lit, sur une chaise longue, ou autre endroit confortable à l'écart du bruit et des distractions.

2. Allumez une bougie parfumée ou de l'encens pour créer une ambiance relaxante.

3. Fermez les yeux et commencez à respirer. Prenez 10 respirations profondes pour détendre votre corps.

4. Gardez votre concentration totale sur votre respiration et, lorsque vous perdez le fil, ramenez votre attention sur votre respiration.

5. Restez ainsi pendant 5 à 10 minutes sans rien faire d'autre que de sentir votre respiration.

6. Lorsque vous avez terminé, ouvrez les yeux et restez assis ou allongé pendant 5 minutes supplémentaires, en étirant bien votre corps.

Exercice du miroir

Pour pratiquer l'introspection, il est important de se regarder en face et d'analyser qui nous sommes aujourd'hui. Au fil des années et des expériences accumulées, nous évoluons souvent sans même nous en rendre compte. Grâce à l'introspection, nous pouvons apprendre à connaître la personne que nous sommes aujourd'hui et, si nécessaire, prendre des mesures pour changer ce qui ne nous plaît pas. Mais la première étape consiste à détecter ces aspects de nous-mêmes que nous souhaitons améliorer.

Pour ce faire, un exercice idéal est celui que l'on appelle "exercice du miroir". Pour le pratiquer, vous devez vous tenir debout devant un miroir un jour où vous avez suffisamment de temps et où vous êtes prêt à être honnête avec vous-même. Essayez de ne pas être dérangé ou interrompu pendant l'exercice.

Une fois devant le miroir, regardez-vous dans les yeux et posez-vous des questions comme celles-ci :

1. Comment définissez-vous la personne que vous voyez dans le miroir ? Comment la percevez-vous ?

2. Connaissez-vous cette personne qui vous regarde ?

3. Quelles sont ses qualités ?

4. Quels sont ses défauts ?

5. Avez-vous été blessé dans la vie ? Pensez-vous avoir surmonté la douleur ?

6. Êtes-vous une bonne personne ? Avez-vous de bonnes intentions et des sentiments positifs ?

7. Vous souciez-vous des autres ?

8. Pensez-vous que l'enfant qui était en vous est encore présent ?

9. Y a-t-il quelque chose que vous aimeriez changer chez cette personne ?

Ce type d'exercice peut être difficile au début, car il nécessite de l'honnêteté et de l'auto-observation. Mais avec la pratique, il peut être très utile pour mieux se connaître et pour s'accepter et s'aimer tels que nous sommes.

Lire un livre de développement personnel

L'une des meilleures façons de prendre du temps pour soi-même et ses pensées est de lire un livre qui nous aide à réfléchir et à valoriser notre façon de vivre dans le monde. Il existe de nombreuses publications de ce type qui ont pour but de nous faire prendre conscience de notre manière d'être présent au quotidien.

Il y a une grande variété de livres, tels que ceux qui vous apprennent à être plus positif dans la vie, ceux qui vous aident à savoir ce que vous voulez, ceux qui vous guident pour surmonter vos peurs, etc. En consacrant un peu de temps chaque semaine à ces lectures, vous passerez du temps à l'intérieur de vous-même, à vous connaître réellement et à découvrir de nouvelles approches et de nouvelles façons d'être dans le monde.

4 conseils pour l'introspection personnelle

Maintenant que vous connaissez les meilleurs exercices d'introspection, voici quelques conseils pour mieux maîtriser cette pratique :

1. Ne soyez pas pressé : pour mener à bien ces activités, il est important que vous ne soyez pas pressé et que vous cultiviez la patience. Vous devez donc le faire lorsque vous êtes détendu et que vous n'avez pas d'obligations ou de maux de tête qui vous dérangent.

2. Détendez-vous : pour entrer en nous-mêmes, nous devons être détendus. C'est seulement ainsi que nous pourrons nous connecter pleinement avec notre esprit et notre corps. Si les enfants crient ou si la télé est allumée, il sera difficile de se concentrer sur nos émotions.

3. La sincérité est la clé : pour effectuer l'un des exercices que nous avons mentionnés dans la section précédente, il est important que vous soyez complètement honnête avec vous-même. Le but est de découvrir qui vous êtes et à quoi vous ressemblez, donc même si vous n'aimez pas ce que vous voyez, ne vous cachez pas la vérité. Il n'y a rien de mieux que de faire face à nos propres échecs et d'avoir le courage de les améliorer et de les surmonter.

4. Patience : ne vous attendez pas à trouver la réponse à vos questions dès le premier jour. Cette pratique s'améliore au fil des semaines, car l'esprit est un muscle qui doit être entraîné. Vous devez donc être

constant et ne jamais abandonner l'habitude de passer du temps pour vous.

Si nous ne prenons pas la responsabilité de nos actions, nous ne pourrons pas favoriser notre développement personnel.

La prise de responsabilité est la partie la plus importante de notre engagement envers un avenir exempt de comportements inadaptés. Cela implique de reconnaître nos actes et nos échecs, d'accepter nos forces et nos limites, et d'avancer. Cela n'a rien à voir avec la culpabilité, mais avec l'acceptation et la croissance personnelle.

Si vous avez le courage de prendre vos responsabilités et de changer certains comportements et croyances, il est peut-être temps de commencer une thérapie psychologique.

Toutefois, il est important de rappeler que la responsabilité n'implique pas la culpabilité. La culpabilité nous maintient dans le passé et nous paralyse avec des regrets, alors que la responsabilité nous fait assumer nos actes et nous permet d'assumer notre part de responsabilité dans ce qui nous arrive, un facteur essentiel pour le succès de la psychothérapie.

Chapitre 3 : Identifier sincèrement sa propre blessure d'abandon

Comment savoir si j'ai une blessure d'abandon ? Que dois-je faire pour protéger cette blessure ? Comment ruiner mes relations quand j'ai la blessure de l'abandon ?

Lorsqu'on entame une nouvelle relation amoureuse, il est fréquent que de vieilles blessures d'enfance refassent surface, et si elles ne sont pas correctement observées et traitées, elles peuvent mettre en péril cette nouvelle relation. Ainsi, si vous avez connu l'abandon durant votre enfance, la solitude est probablement votre peur la plus profonde. Il est important également de prendre conscience de la manière dont votre blessure peut devenir un paradoxe.

En effet, si vous avez vécu l'abandon, vous aurez tendance à abandonner vos partenaires jusqu'à ce que vous preniez conscience de votre manque et que vous assumiez la responsabilité de votre vie et, bien sûr, de votre solitude.

La plus grande difficulté pour les personnes qui souffrent d'abandon est que leur caractère et leur ego les amènent à croire qu'elles ne reçoivent jamais assez d'attention et d'affection.

Ce sentiment de manque les empêche de créer des relations profondes avec les personnes qu'elles rencontrent. C'est parce qu'ils ne s'aiment pas suffisamment qu'ils cherchent constamment des preuves d'amour chez leurs nouveaux partenaires. De cette façon, s'ils sentent que leurs partenaires les aiment, ils se sentiront dignes d'être aimés. Si vous souffrez d'abandon, vous pouvez avoir le sentiment de ne pas être suffisamment aimé ou de ne pas recevoir tout l'amour dont vous avez besoin. Il est important de reconnaître cette blessure et de chercher de l'aide pour la guérir, afin de ne pas risquer de saboter vos relations futures.

Le masque de dépendance protège votre blessure d'abandon Pour éviter de ressentir le manque affectif, vous avez créé le masque de la dépendance.

Comme votre plus grande peur est la solitude, vous ne supportez pas d'être seul avec vous-même ; même si à la fin, vous finissez par être seul.

Vous vous repliez sur vous-même et n'aimez pas le contact avec les autres de peur de vous sentir dépendant.

Vous pouvez générer un véritable drame face à une situation mineure et insignifiante. Les phrases intérieures qui sont présentes dans cette blessure sont telles que : Je préfère être seul, si tu me quittes, ne reviens pas...

La phrase qui peut résumer cette blessure et votre attitude dans la vie d'adulte pourrait être : « Je t'abandonne avant que tu m'abandonnes » ou « Je te prends avant que tu ne me prennes ».

5 signes de votre blessure d'abandon lors de la recherche d'un partenaire.

Nous avons sélectionné 5 comportements fréquents qui vous éloignent d'une relation heureuse si vous vous identifiez au masque de la dépendance.

1. Vous cherchez constamment la présence et l'attention de votre nouveau partenaire.

2. Vous provoquez des drames ou des maladies pour attirer l'attention ou la pitié.

3. Vous prenez soin de votre partenaire en espérant qu'il prendra soin de vous en retour.

4. Vous utilisez le sexe pour vous attacher à l'autre personne.

5. Vous vous engagez dans des relations où vous vous sentez abandonné par vos partenaires.

Examinons chacun de ces signes de manière plus détaillée :

Lorsque vous recherchez constamment la présence et l'attention de votre nouveau partenaire.

Le premier signe que vous pourriez porter le masque du vendeur est que vous recherchez constamment la présence et l'attention de votre nouveau partenaire. Lorsque vous avez une blessure d'abandon, vous avez peur de votre propre autonomie, car vous pensez que si vous parvenez à faire les choses sans l'aide des autres, personne ne prendra soin de vous à l'avenir.

En réalité, vous croyez que vous ne pourrez jamais vous débrouiller seul et que vous avez besoin de quelqu'un sur qui vous appuyer. Ainsi, lorsque vous devenez dépendant, vous vous assurez que quelqu'un est à vos côtés pour prendre soin de vous. Pour éviter la solitude, vous chercherez un partenaire qui vous servira de canne et de soutien.

Par conséquent, votre état émotionnel dans la relation subit de nombreux hauts et bas, puisque vous pensez que votre bien-être ne dépend pas de vous. Comme vous avez peur d'être seul, votre humeur est très bonne certains jours et très mauvaise d'autres. Vous recherchez continuellement la présence et l'attention de votre partenaire et vous êtes soutenu par elle.

Lorsque vous portez le masque d'une personne dépendante, il peut également arriver que vous subissiez une profonde tristesse, même lorsque vous êtes en couple, sans vraiment savoir pourquoi. Vous pouvez même supporter l'insupportable avec un nouveau partenaire tant que vous ne vous sentez pas seul. Et vous endurez parce que vous croyez que les choses peuvent changer pour le mieux à l'avenir.

De cette manière, vous projetez votre inconfort sur votre partenaire et cessez d'écouter vos propres émotions lorsqu'il vous avertit qu'il y a une blessure d'abandon en vous qui doit être observée et guérie.

Le deuxième signe que vous portez probablement le masque d'un vendeur est que vous provoquez un drame ou une maladie afin d'attirer l'attention de votre partenaire.

Si vous souffrez de la blessure de l'abandon, vous avez peut-être déjà remarqué que les personnes dépendantes ont tendance à se placer inconsciemment dans le rôle de la victime.

Puisque la solitude vous terrifie et que vous pensez ne pas pouvoir la supporter, vous pouvez tout faire pour attirer l'attention. Ainsi, vous provoquez inconsciemment des drames ou des maladies pour attirer l'attention ou susciter de la pitié.

C'est ainsi que vous développez une attitude de victime et que vous pensez que vos problèmes amoureux sont dus à l'autre qui vous ignore, au destin ou à la malchance.

Par conséquent, lorsque vous êtes seul, vous pouvez pleurer longtemps sans vous rendre compte que vous avez pitié de votre propre sort.

La difficulté de prendre des décisions

La vérité est que lorsque vous subissez une blessure d'abandon, il vous est très difficile de prendre des décisions par vous-même. C'est pourquoi vous recherchez continuellement le soutien de votre partenaire avant de prendre une décision par vous-même, quel que soit le domaine.

Vous avez besoin de vous sentir soutenu et épaulé par votre partenaire dans les décisions qui ne le concernent que vous. En recevant du soutien, vous vous sentez aidé et aimé par votre partenaire.

Ainsi, il est fort probable que vous ne suiviez pas les conseils qui vous ont été donnés, car la seule chose que vous recherchiez était l'attention.

Par conséquent, vous demandez des conseils et des avis à votre partenaire, et vous êtes capable de faire semblant d'être inutile pour recevoir de l'aide, pas parce que vous ne savez pas ou ne pouvez pas faire quelque chose.

Et s'il y a un désaccord et que votre partenaire crie ou s'énerve, alors vous vous bloquez et agissez comme un enfant effrayé. C'est lorsque vous dites à votre partenaire : "Je n'en peux plus" et que vous ne réalisez pas que vous agissez avec votre partenaire de la même manière que vous craignez qu'il le fasse avec vous.

C'est pourquoi vous avez tendance à montrer un côté théâtral, souvent dramatique, dans votre façon de vous exprimer aux autres, et ce, afin d'attirer l'attention.

Lorsque vous prenez soin de votre partenaire dans l'espoir qu'il prendra soin de vous en retour.

Le troisième signe que vous portez peut-être le masque de la dépendance amoureuse est que vous prenez soin de votre partenaire dans l'espoir qu'il prendra soin de vous en retour.

Si vous souffrez de la blessure d'abandon, vous pouvez facilement vous identifier aux émotions et aux souffrances des autres, mais vous les utilisez pour attirer l'attention sur vous.

Par exemple, vous pouvez vous occuper de certaines tâches administratives pour votre partenaire dans l'espoir qu'il vous reconnaisse d'une manière particulière. Vous ne le faites pas par générosité, mais vous cherchez une compensation. Si elle n'arrive pas, vous créerez un conflit avec l'autre et l'accuserez de ne pas prendre soin de vous.

Lorsque vous êtes dépendant, il vous est très difficile de faire des activités ou des efforts par vous-même, car vous avez besoin que votre partenaire se sente soutenu. Par exemple, lorsque vous voulez aller courir ou aller à la salle de sport, vous avez besoin que l'autre vous accompagne. Vous lui direz que c'est bien pour lui de faire du sport, alors qu'en réalité tout ce que vous recherchez, c'est sa compagnie.

Il arrive souvent que pendant que l'activité dure en compagnie de l'autre, vous vous sentiez aimé et c'est pourquoi vous ne voulez pas que cette activité se termine, puisque vous ressentez la fin de tout ce qui est agréable comme un abandon.

Ce besoin de compagnie s'accentue avec l'âge, et vous pouvez vous angoisser de plus en plus à l'idée d'être seul et sans partenaire. C'est pourquoi vous préférez endurer une relation insatisfaisante plutôt que d'être seul.

Il est même possible, comme me l'a dit un patient, que vous ayez un autre partenaire de secours, au cas où votre partenaire actuel ne répondrait pas à vos attentes et que vous décidiez de le quitter.

Quand vous utilisez le sexe pour vous attacher à l'autre personne.

Le quatrième signe qui indique que vous portez probablement le masque de la dépendance amoureuse est d'utiliser le sexe comme une excuse pour vous attacher à l'autre personne.

De nombreux couples dépendants utilisent le sexe comme une monnaie d'échange pour maintenir leur besoin de se sentir liés l'un à l'autre, et cela se manifeste souvent chez les femmes.

C'est parce que lorsqu'une personne dépendante se sent désirée sexuellement, elle pense qu'elle est plus importante pour l'autre personne.

En général, la personne dépendante a plus de désir sexuel que son partenaire et ceux qui se plaignent de ne pas avoir assez de sexe souffrent souvent de la blessure de l'abandon et portent le masque de la dépendance.

Par exemple, une patiente se plaignait de ne pas avoir assez de relations sexuelles deux ou trois fois par semaine. Elle disait : "Je suis toujours prête", comme si elle voulait dire : "Je suis toujours prête à me sentir importante pour l'autre".

Il est également possible que si vous êtes une femme qui ne veut pas avoir de relations sexuelles et que vous souffrez de la blessure de l'abandon, vous n'en parliez pas à votre partenaire de peur de vous sentir indésirable à l'avenir.

Et si vous êtes un homme dépendant, vous pourriez prétendre ne pas savoir que votre femme a un amant pour éviter d'être abandonné. Dans ce cas, accepter l'infidélité est le petit prix que vous devez payer pour éviter un plus grand mal, comme l'abandon.

Chaque fois que vous attirez des relations dans lesquelles vous vous sentez abandonné.

Le dernier signe que vous avez peut-être une blessure d'abandon, et le plus évident, est que vous attirez continuellement des relations dans lesquelles vous vous sentez abandonné et que vous décidez de les quitter en premier.

Lorsque nous avons une blessure d'abandon, nous allons la revivre autant de fois que nécessaire jusqu'à ce que nous la guérissions. C'est pourquoi si vous avez cette blessure, vous la rencontrerez plusieurs fois tout au long de votre vie pour avoir l'opportunité de la guérir.

Vous savez déjà pourquoi vous rencontrez tant d'abandons dans vos relations. C'est parce que c'est la seule façon de voir votre blessure et de prendre soin d'elle. En même temps, la fonction du masque de dépendance est de cacher la plaie pour que vous ne la voyiez pas. Et lorsque vous quittez votre partenaire, vous pensez que la cause de votre douleur est qu'il ne vous prête pas attention ou ne vous accorde pas l'attention dont vous avez besoin.

De cette façon, vous vivrez une situation similaire dans votre prochaine relation pour avoir une autre occasion de guérir votre blessure d'abandon.

Les modèles de comportement peuvent-ils être modifiés lorsque vous souffrez d'abandon ?

Mon expérience me dit qu'il est très difficile de changer nos comportements inconscients sans aide. C'est parce que le masque croit que son travail est nécessaire pour que vous soyez heureux et il ne vous permettra pas de cesser d'être dépendant car si vous le faites, vous cesserez de recevoir de l'attention et de l'amour.

De cette façon, vous pouvez passer des années à répéter sans cesse des schémas dépendants sans pouvoir sortir du cercle de l'Ego.

Chapitre 4 : Déterminer les causes de la blessure de l'abandon

L'abandon de nos parents, de notre partenaire, dans l'enfance ou même de la société, produit une blessure qui ne se voit pas, mais que l'on ressent au quotidien avec des effets néfastes. C'est un lien rompu où nos émotions et notre sécurité étaient nourries.

Cependant, il y a un aspect qu'il faut prendre en compte : l'abandon n'est pas seulement causé par une absence physique. Le plus courant est celui où l'authenticité émotionnelle disparaît, où le désintérêt, l'apathie et la froideur se manifestent. Cette idée de vide est intemporelle, quelque chose que chaque enfant peut percevoir et qui peut dévaster n'importe quel adulte.

On dit souvent que pour comprendre ce que signifie être abandonné, "il faut l'avoir été". Cependant, personne ne mérite cela, car chaque absence nous fait perdre une partie de nous-mêmes, et personne ne devrait subir cette souffrance.

Les implications psychologiques qui découlent d'une expérience précoce liée à l'abandon sont généralement graves. Bien que chaque enfant fasse face aux événements d'une manière différente, il est courant que les traumatismes persistent, et ceux-ci ne guérissent qu'avec le temps si nous les affrontons correctement.

Chaque blessure génère un « masque » qui sert à nous protéger du grand vide que nous ressentons en nous.

Selon l'intensité de la plaie, le masque s'activera plus souvent.

Que veut dire Abandonner ?

Quitter quelqu'un, c'est s'éloigner de lui, ne plus avoir de relation avec lui. Parfois, l'abandon est confondu avec le rejet, mais il y a une différence. Si vous décidez de rejeter quelqu'un, vous le repoussez pour ne plus l'avoir près de vous.

Cependant, si vous décidez de l'abandonner, vous vous éloignez, vous partez, soit temporairement soit définitivement.

Les blessures d'abandon se produisent dès l'enfance et un enfant peut ressentir cette blessure dans les situations suivantes :

- Lorsque la mère a un autre bébé et doit s'occuper de lui. L'enfant se sent abandonné car sa mère ne lui accorde pas l'attention qu'il souhaite.

- Lorsque les parents travaillent et ont peu de temps pour lui.

- Lorsque l'enfant est hospitalisé et que les parents doivent le laisser seul pendant un certain temps.

- Lorsque les parents laissent l'enfant avec quelqu'un pendant les vacances. Par exemple, les parents partent en voyage quelques jours et l'enfant reste chez sa grand-mère.

- Si la mère est malade et que le père doit passer beaucoup de temps avec elle, cela enlève du temps à l'enfant, qui doit faire les choses par lui-même.

Ces situations se produisent généralement tout au long de l'enfance, mais affectent chaque personne différemment.

Beaucoup de personnes qui subissent la blessure d'abandon disent qu'il y avait un manque de communication avec le parent du sexe opposé, qui était perçu comme une personne réservée, prenant peu de place dans la relation et s'intéressant peu à l'enfant.

Il est fort probable qu'en tant que jeune, la personne se soit sentie rejetée par le parent du même sexe et abandonnée par l'autre sexe, dès qu'elle n'a rien fait pour éviter le rejet.

Si l'enfant vit l'abandon avec le parent du même sexe, il vit en réalité la blessure du rejet, puisque le parent rejette inconsciemment l'enfant. Il rejette quelque chose qu'il ne veut pas voir et qu'il a en lui.

Ceux qui souffrent de la blessure d'abandon et de la dépendance affective ne se sentent pas suffisamment nourris d'un point de vue affectif.

Ceux qui souffrent d'abandon ne se sentent pas aimés.

Le manque de nourriture sur le plan physique peut également provoquer la blessure d'abandon, qui se manifeste généralement avant l'âge de 2 ans.

Les blessures émotionnelles sont héritées de nos parents et de nos ancêtres.

Beaucoup de personnes réalisent, après des années, que tous leurs défauts proviennent de leur relation avec leurs parents et ressentent beaucoup de ressentiment envers eux. Ils leur reprochent leur malchance, leur vide intérieur et leur souffrance.

Lorsque la blessure est guérie, vous pouvez comprendre que vos parents ont fait de leur mieux avec les connaissances et les conditionnements qu'ils avaient. N'oubliez pas qu'ils ont vécu des blessures similaires avec leurs propres parents, bien que dans des circonstances différentes.

Personne n'a expliqué à nos parents que nous répétons des schémas et que nous avons des blessures à guérir pour être heureux. Aujourd'hui, nous avons accès à beaucoup d'informations, mais cela n'a pas toujours été le cas.

Maintenant que vous savez que les blessures émotionnelles viennent souvent de l'enfance, je vous recommande de travailler sur vos relations avec vos parents pour vous libérer de la dépendance affective, qui ne mène qu'à la souffrance.

Blessures émotionnelles de l'enfance

L'attachement est le lien émotionnel que l'enfant développe avec ses principaux tuteurs (généralement les parents, mais il peut s'agir d'autres personnes de référence) en fonction de la manière dont ils répondent à ses besoins. Il existe quatre styles d'attachement :

- Attachement sécurisé : l'enfant se sent protégé et confiant que ses besoins seront satisfaits.

- Attachement anxieux : l'enfant ne sent pas que ses figures d'attachement seront disponibles en cas de besoin et demande constamment de l'attention.

- Attachement évitant : l'enfant évite les figures d'attachement, car leur réponse à ses besoins est le rejet.

- Attachement désorganisé : il se caractérise par l'ambivalence et le comportement imprévisible des figures d'attachement. Cela se produit lorsqu'il y a à la fois un attachement anxieux et un attachement évitant.

Les trois derniers styles d'attachement sont le résultat de relations où la sécurité avec la figure d'attachement a échoué, générant ainsi une blessure émotionnelle. Cette blessure peut accompagner la personne tout au long de sa vie si elle n'est pas guérie, affectant son estime de soi et ses relations interpersonnelles et affectives.Les blessures de l'enfance sont :

La blessure de l'abandon

La blessure de l'abandon survient lorsqu'un enfant ressent un manque d'amour, de soins, de protection et d'attention, ce qui provoque la peur de la solitude. Les personnes souffrant de cette blessure ont tendance à être émotionnellement dépendantes dans leurs relations sociales et affectives.

Pour guérir cette blessure, il est nécessaire de passer du temps de qualité avec soi-même, de renforcer l'estime de soi et de donner beaucoup d'amour à notre enfant intérieur pour qu'il apprenne qu'il n'a pas besoin de personne pour être heureux et qu'il a toujours notre soutien.

La blessure du rejet

Elle est causée par des expériences de non-acceptation par les parents, les proches ou les amis, au fil de la croissance de la personne. Cette blessure est l'une des plus nocives, car elle implique le rejet de ses propres pensées, sentiments, amour et même de sa propre personne. Cette blessure alimente le mépris de soi et le sentiment de ne pas être digne d'aimer ou d'être aimé. La moindre critique est ressentie comme une menace et l'approbation des autres est continuellement recherchée.

Cette blessure guérit en apprenant à s'apprécier et à se reconnaître. Il est important de travailler sur les insécurités et d'apprendre à se découvrir et à s'aimer.

La blessure de la trahison

Elle survient lorsque les soignants ne tiennent pas leurs promesses et que l'enfant commence à se méfier. Des sentiments d'envie apparaissent envers les autres personnes qui reçoivent ce qui a été promis et de la rancœur envers les soignants pour ne pas avoir tenu parole. À long terme, cela peut entraîner le besoin de tout contrôler pour ne pas se sentir trahi. Ces personnes peuvent être très possessives, méfiantes et avoir une forte personnalité. Pour elles, la loyauté et la fidélité sont très importantes, mais elles ont tendance à déformer les concepts.

Pour panser cette blessure, il faut travailler sur la tolérance, la patience et la confiance. Il est également utile de commencer à déléguer des responsabilités à d'autres personnes.

La blessure de l'injustice

La blessure de l'injustice survient lorsque les parents sont très froids, rigides et exigeants. Le style parental autoritaire est le protagoniste et ne se caractérise pas particulièrement par le respect des enfants ou la prise en compte de leurs préférences et besoins. Chez les enfants, cela provoque un sentiment d'inutilité et d'inefficacité, ainsi qu'un sentiment d'injustice. Dans la vie adulte, cela génère une rigidité mentale et des difficultés à négocier et à comprendre d'autres points de vue. De plus, ces personnes accordent une grande importance aux valeurs et aux croyances, exprimant leurs opinions comme des vérités absolues.

Cette blessure se cicatrise en cultivant la souplesse mentale, la confiance en l'autre et la tolérance.

La blessure de l'humiliation

La blessure de l'humiliation est causée par des situations de critique, de désapprobation et de ridicule des parents envers leurs enfants. Cette blessure crée des personnes dépendantes capables de tout pour se sentir valides et utiles, ce qui rejaillit sur leur blessure puisque leur concept de soi dépend de l'image que les autres ont d'elles. Les personnes qui ont cette blessure ont tendance à se ridiculiser et ont du mal à avoir des attitudes adultes. Ils se considèrent moins valides et moins dignes qu'ils ne le sont réellement. De plus, ils ont tendance à satisfaire les besoins des autres en laissant les leurs en arrière-plan pour gagner l'approbation, le respect et l'affection des autres.

Cette blessure est guérie en pardonnant les personnes qui ont causé la blessure, en faisant la paix avec le passé et en commençant à valoriser sa propre personne. Il est très important de lâcher prise sur le poids de cette blessure et de laisser le passé derrière soi pour la guérir.

Ainsi, la relation entre les styles d'attachement que nous avons évoqués au début et les blessures de l'enfance serait la suivante : Les blessures de l'abandon, de la trahison et de l'humiliation provoquent un style d'attachement anxieux et précaire, car elles produisent une dépendance affective et que les personnes qui en souffrent ont le besoin constant de se sentir aimées et valorisées. La blessure du rejet et la blessure de l'injustice provoquent des styles d'attachement précaires évitant, car ces personnes ne se sentent ni acceptées ni aimées et préfèrent fuir pour ne pas avoir à faire face à la réprobation.Si différentes blessures surviennent chez une même personne, il est facile de développer un attachement de type insécure désorganisé, mêlant des traits de type évitant et de type anxieux.

Chapitre 5 : Accepter de payer le prix fort pour guérir

Trouver des coupables ne fera qu'augmenter notre dépense d'énergie. Il est essentiel de nous permettre d'être en colère et d'apprendre à nous pardonner. En guérissant nos blessures, nous pourrons naviguer dans le monde sans nous cacher.

Les expériences douloureuses que nous vivons laissent des blessures émotionnelles que nous devons essayer de soigner. En général, il nous est difficile de faire face à des problèmes émotionnels tels que les ruptures, les trahisons, les humiliations, les abandons ou les injustices.

La vérité est que beaucoup d'entre nous n'ont pas encore fermé ces blessures émotionnelles d'enfance. Elles nous font toujours mal et nous essayons de les masquer avec le maquillage de la vie.

Nous ne réalisons pas que nous les ignorons simplement et que plus nous attendons, plus elles s'aggravent. C'est encore plus difficile quand on ne se rend pas compte qu'on est blessé.

L'ignorance des blessures émotionnelles de l'enfance, conjuguée à la peur de revivre notre douleur, ne nous permet pas d'être nous-mêmes, ce qui nous oblige à jouer un rôle qui ne nous convient pas.

Nous voulons vous aider à savoir quel processus vous devez suivre si vous souhaitez commencer le processus de guérison de vos blessures d'abandon.

Acceptez vos blessures émotionnelles comme faisant partie de vous

Ne vous cachez pas les yeux, la blessure est là. Vous pouvez l'admettre ou non, mais l'accepter est la seule chose qui vous aidera à avancer. Accepter une blessure, c'est la regarder, l'observer attentivement et comprendre que les situations à résoudre font partie de l'expérience humaine.

Vous pourriez penser que fermer les yeux sur votre souffrance est la meilleure chose à faire. Cependant, la vérité est que cela vous empêche de reconnaître que vous ne vous sentez pas bien, ce qui complique la blessure avec le temps.Vous devez accepter et comprendre que nous ne sommes ni meilleurs ni pires parce que quelque chose nous blesse. Avoir construit son armure est un acte héroïque, un acte d'amour-propre qui a beaucoup de mérite mais qui a fait son travail. Elle vous a déjà protégé de l'environnement qui a causé la blessure, il est donc temps de lâcher prise et de passer à autre chose.

Accepter nos blessures est très bénéfique une fois que nous avons acquis l'apprentissage dont nous avions besoin. Sinon, vous créerez beaucoup de problèmes à long terme comme la dépression, l'anxiété et diverses insécurités.

Acceptez d'être blessé tout en surmontant la peur et la désapprobation.

Si nous nous concentrons sur la douleur et cherchons à blâmer quelqu'un d'autre, nous perdrons de l'énergie émotionnelle précieuse qui est nécessaire pour guérir notre blessure. Il est important de conserver cette énergie en nous pardonnant à nous-mêmes et en pardonnant aux autres. Cela nous permettra de tourner la page et d'ouvrir notre cœur.

Il est essentiel de comprendre que la volonté et la décision de surmonter nos blessures sont les premiers pas vers la compréhension de soi et les soins personnels. En développant ces qualités en nous-mêmes, nous pourrons mieux aider les autres, ce qui aura un impact positif sur notre bien-être émotionnel.

Nous ne pouvons pas nous attendre à ce que les autres répondent à toutes nos attentes et nous sortent du trou à chaque fois que nous tombons. Il est injuste de leur imposer cette responsabilité qui ne nous appartient qu'à nous-mêmes. Ce genre de comportement peut mettre fin à la plupart de nos relations, ce qui crée un grand inconfort émotionnel.

Autorisez-vous à ressentir de la colère envers ceux qui ont aggravé votre blessure.

Il est normal et humain de ressentir de la colère envers ceux qui nous ont blessés, surtout si la douleur est profonde.

Autorisez-vous à ressentir ces émotions et pardonnez-vous. Si vous les refoulez, vous risquez de transformer votre douleur en haine et en ressentiment, ce qui est extrêmement néfaste pour votre santé émotionnelle.

Vivre en s'imposant des pièges émotionnels, c'est se punir soi-même et créer une vie pleine de douleur et d'insatisfaction. Cela vous empêchera d'être votre vrai moi intérieur et de pouvoir ouvrir votre cœur.

Après l'acceptation et le pardon vient la transformation.

Toutes nos expériences nous apprennent quelque chose. Cela peut être difficile à accepter car notre ego a tendance à créer une barrière protectrice qui nous empêche de voir nos problèmes clairement. Il est important de comprendre que c'est notre propre pensée et comportement qui compliquent notre vie.

Le changement demande beaucoup d'efforts, mais il est important de regarder vers l'avenir et de reconnaître que nous ne sommes pas parfaits et que des changements sont nécessaires pour atteindre la transformation.

Observez le monde avec et sans blessures.

Prenez le temps d'observer comment votre blessure a été conservée toutes ces années. Sans même le savoir, elle a dirigé chacun de vos gestes. Débarrassez-vous de vos masques, ne vous jugez pas et ne vous critiquez pas. Mettez tout votre être à essayer de guérir profondément votre blessure.

Il se peut que vous changiez de masque le jour même ou que vous l'utilisiez pendant des mois ou des années. Idéalement, vous devriez être capable de vous dire : "D'accord, j'ai mis ce masque et voici pourquoi. Il est temps de l'enlever." Vous saurez alors que vous êtes sur la bonne voie et que, pour la suite du voyage, votre guide sera l'inertie qui vous permettra de vous sentir bien sans vous cacher.

Comptez sur votre cercle social.

Vous pourriez penser que vous pouvez tout faire seul et que vous êtes déjà sorti de situations pires. Cependant, il n'y a aucune raison de renoncer au réconfort d'un cœur qui écoute patiemment. Le soutien que les autres nous apportent peut être crucial lorsqu'il s'agit de surmonter de nombreux obstacles.

Partie II : Les étapes pour guérir de la blessure d'abandon

La récupération après un abandon est un processus complexe. Nous vous présentons 6 choses à considérer pour le surmonter.

Guérir la blessure causée par l'abandon d'un partenaire n'est pas facile. Se remettre d'une séparation amoureuse consensuelle n'est pas la même chose que de se remettre d'une séparation qui s'est terminée de façon inattendue. Si vous traversez cette étape du deuil, voici quelques conseils pour panser la blessure de l'abandon.

Les experts soulignent que le rejet dans une relation peut conditionner l'angoisse que vous ressentez après celle-ci. De tous les styles, l'abandon est celui qui génère le plus d'impact, c'est pourquoi il est aussi le plus difficile à surmonter. Nous espérons que nos conseils pour surmonter la blessure de l'abandon vous seront d'une grande aide dans ce processus.

6 étapes pour soigner la blessure de l'abandon

Chaque processus de deuil est unique. Certaines personnes sont capables de récupérer en quelques semaines, tandis que d'autres prennent des mois, voire des années. La première chose que vous devez faire est de prendre en compte cette variabilité pour éviter de comparer votre processus avec celui de quelqu'un d'autre proche de vous.

De nombreuses variables déterminent la rapidité avec laquelle vous pouvez guérir la blessure de l'abandon. Par exemple, selon les chercheurs, la durée de la relation affecte la rapidité avec laquelle vous pouvez surmonter cette épreuve. En fin de compte, plus la relation a duré longtemps, plus il vous faudra de temps pour vous en remettre.

Que tout cela serve de prélude à l'assimilation des étapes de cicatrisation de la blessure d'abandon que nous allons présenter ci-dessous. L'important est que vous vous engagiez à les appliquer, que vous compreniez qu'elles vous seront bénéfiques et surtout que vous continuiez votre vie.

1. Commencez à accepter ce qui se passe.

Oui, accepter d'être abandonné est la première étape pour guérir la blessure de l'abandon. Bien sûr, ce n'est pas facile, mais c'est le point de départ qui vous aidera à avancer sur le chemin. Sinon, vous ne pourrez jamais accepter complètement que la relation est terminée et vous y serez toujours émotionnellement attaché.

L'abandon est un processus très complexe. Ses conséquences peuvent se faire sentir pendant des années et seront plus fortes selon les circonstances (un temps de crise, un enfant impliqué, une maladie, etc.). Il est donc possible que vous ne puissiez pas accepter, pour vous-même, cette réalité que vous avez dû vivre.

Par conséquent, l'aide d'un thérapeute peut être très précieuse. Ne vous fermez pas à cette possibilité, car elle peut vous aider à canaliser vos émotions et à évaluer la situation avec du recul. Bien sûr, accepter l'abandon n'est pas quelque chose que vous devez nécessairement faire dès le premier jour. Attendez que les eaux se calment avant de faire le premier pas.

2. Faites la paix avec vos sentiments et vos émotions.

Se remettre d'une rupture implique d'accepter ses sentiments et ses émotions, et non de les cacher. Il est très important que vous appreniez à exprimer vos sentiments à temps, car les ignorer ne signifie pas qu'ils vont disparaître. Selon les chercheurs, la répression des sentiments peut modifier la façon dont vous accédez à vos souvenirs.

Dans ce sens, il est possible que vous idéalisiez la relation, que vous exagériez certains moments et même que vous les oubliiez. N'ayez pas peur de pleurer si vous en avez envie, c'est un moyen naturel d'évacuer votre frustration. Cela vous permettra de ne pas être contrôlé 24 heures sur 24 par vos émotions. En exprimant vos sentiments, vous vous sentirez mieux au point de ne plus trouver de raison de continuer à pleurer.

3. Travaillez sur votre estime de soi.

Comme le montrent les recherches, le processus de séparation implique toujours un changement dans l'image de soi. C'est prévisible, surtout lorsque vous passez beaucoup de temps avec une personne. Dans ces cas, tous les aspects de votre vie sont partagés avec elle, ce qui affecte également le plan émotionnel.

Il est très courant que votre estime de soi soit compromise après un processus d'abandon. Il existe de nombreuses façons de la renforcer. Vous devez être conscient de ce facteur, car il est possible que si vous le négligez, il puisse évoluer vers des épisodes de dépression et d'anxiété. C'est pourquoi l'aide d'un thérapeute est très importante.

4. Créez des moments de distraction

Maintenant que vous avez accepté la situation, la prochaine étape consiste à créer des moments de distraction pour éviter de penser constamment à l'abandon. Vos amis et votre famille peuvent être d'une grande aide à cet égard, car avec leur soutien, vous pouvez trouver des raisons de vous amuser malgré les circonstances.

Une sortie au cinéma, une promenade dans la nature ou un moment de détente en soirée peuvent faire une différence radicale dans votre stabilité émotionnelle. Il est également important de couper les liens qui vous attachent encore à la personne, y compris les liens numériques.

Les chercheurs s'accordent à dire que se débarrasser des liens numériques est une étape essentielle pour guérir de la blessure de l'abandon. Par exemple, arrêtez de vérifier les profils de médias sociaux de la personne, car cela ne fera qu'entraver votre rétablissement.

5. Ne cherchez pas les coupables

L'une des erreurs les plus courantes après un abandon est de se blâmer. Vous pourriez vous retrouver à justifier les raisons de l'abandon ou à porter le blâme sur vos épaules. Il est important de ne pas chercher à blâmer dans ce processus.

Prenez le temps de réfléchir à la relation, aux hauts et aux bas et à la façon dont les problèmes ont été traités, mais évitez de pointer un doigt accusateur. Dans le premier cas, vous collectez des leçons et des apprentissages, tandis que dans le second, vous ajoutez des poids inutiles à votre rétablissement.

6. Donnez-vous du temps pour suivre le processus

En plus de tous les conseils que nous avons déjà partagés pour guérir de la blessure de l'abandon, le plus important est peut-être de vous donner du temps pour suivre le processus. Chaque personne gère cette situation différemment, il peut donc s'écouler un certain temps avant que vous ne vous rétablissiez complètement. Bien que certains choisissent de poursuivre leur vie immédiatement sans prêter attention à leurs émotions ou leurs sentiments, il est préférable de guérir complètement avant de commencer une nouvelle vie amoureuse ou sexuelle.

Nous espérons que ces étapes pour surmonter un abandon vous seront utiles pour faire face aux conséquences de cette situation. Soyez patient et n'ayez pas peur de faire face à vos fantômes ; c'est seulement alors que vous pourrez vous relever et miser sur votre stabilité.

Chapitre 6 : Prendre conscience de sa blessure et pardonner

Tout comme lors du décès d'un proche, traverser les étapes du deuil lorsqu'une relation affective prend fin est essentiel pour mieux vivre la perte et passer à autre chose.

Certaines personnes ont tendance à fuir l'adaptation en cherchant rapidement un nouvel amour, en travaillant trop dur ou en se distrayant de toutes les manières possibles pour se convaincre et convaincre les autres qu'elles vont bien et sont fortes. Cependant, la facture finit par arriver, comme un rebond, et cela peut rendre la situation encore plus difficile à surmonter.

Il n'y a pas de règles en matière de deuil. Les étapes ne se succèdent pas nécessairement et il n'est pas obligatoire de les traverser toutes. Souvent, la personne peut aller et venir plusieurs fois dans la même phase, jusqu'à ce qu'elle se sente émotionnellement prête.

Les grandes étapes du deuil lors d'une rupture sont les suivantes :

Le déni

Cette phase implique le choc et l'impact de la rupture. Elle est plus intense pour ceux qui ont reçu le "carton rouge". Peu importe à quel point la relation était déjà en ruine, le point final est toujours un coup dur. C'est pourquoi cette étape est marquée par des fantasmes selon lesquels la rupture ne peut pas être réelle, que l'autre est confus et qu'il y a encore de l'espoir qu'ils se remettent ensemble. Le déni est un mécanisme de défense de l'être humain, car face à la difficulté d'accepter la douleur, il vaut mieux la nier pour ne pas souffrir.

La colère

Pendant cette phase, la personne peut être en colère contre elle-même si elle souffre et conclure que la responsabilité de la séparation était la sienne. Dans ce cas, une idéalisation de l'ex-partenaire peut se produire et il y a une tendance à le rechercher sous prétexte de résoudre des situations pratiques ou de demander des faveurs, alors que ce qui est recherché est en fait un contact plus intime.

Si c'est l'autre partie qui a provoqué ou demandé la séparation, surtout dans les cas où il y a eu infidélité, il peut y avoir même un désir de vengeance. La personne devient hostile, peut perdre confiance dans ses relations, se sent lésée, victimisée et pense ne pas mériter tant de souffrance. Elle peut dire du mal de son ex-partenaire à son entourage, chercher à prouver au monde à quel point l'autre est mauvais, chercher à se satisfaire, offenser, menacer, se plaindre ou accuser. C'est une période très nocive et derrière cette agressivité se cache souvent une grande tristesse.

Marchandage ou négociation

Dans cette période de deuil, la personne change de ton, promet à l'autre de changer de comportement, pardonne les trahisons, demande des chances de réessayer et fait appel à des amis, des proches, des avocats, des psychologues ou des devins. Elle fait tout ce qui est en son pouvoir pour remettre les choses comme avant.

En plus de la peur d'être seule, il y a une tendance à surévaluer l'ex-partenaire qui passe soudainement de bourreau à saint. La personne pense que toute souffrance est due à l'amour qu'elle porte à l'autre, mais d'autres circonstances peuvent intervenir : douleur de la solitude, abandon, perte d'une position sociale, deuil de la fin d'une relation ou d'une famille idéalisée, entre autres.

Tristesse

La personne admet la perte et accepte qu'il n'y a pas de retour en arrière. Enfin, elle comprend qu'elle devra apprendre à vivre avec le vide, avec le désir, avec la nouvelle réalité. Il y a un sentiment d'échec, l'apathie, le désespoir et la peur sont fréquents, ainsi que des pensées intrusives constantes sur le passé. C'est une phase où l'on pleure beaucoup et l'on a l'impression que la douleur ne s'apaisera jamais. Il est important que les amis et la famille prêtent attention, si la personne elle-même ne le peut pas, au fait que la tristesse est exacerbée, car elle peut déclencher une dépression.

Acceptation

Après les larmes, la douleur, l'isolement, la colère et la souffrance, une lumière commence à briller au bout du tunnel et il est temps de passer à autre chose et d'accepter la nouvelle réalité, de mettre de l'ordre dans tout ce qui a été laissé de côté ou gâché pendant ce processus. Il est temps de reprendre l'attention consacrée au travail, à la maison, aux finances, à la santé physique et mentale. Dès l'assimilation de la nouvelle réalité, la personne sera prête à combler le vide avec d'autres amitiés, projets, rêves et peut-être même un nouvel amour.

Et quand le processus de deuil n'avance pas ?

Quand quelqu'un a du mal à vivre les phases, ou la plupart d'entre elles, on peut penser à un deuil compliqué qui entrave la reconstruction de la vie. Le deuil devient partie intégrante de la vie de la personne, comme s'il s'agissait de quelque chose de chronique qui occupe une très grande place et empêche d'autres relations et liens de faire partie de son contexte. "C'est comme s'il n'y avait plus de sens à vivre, comme si la vie était laissée avec un immense vide."

"Cela se produit généralement lorsque la perte survient de manière soudaine et inattendue".

Dans certains cas, la personne est obsédée par l'une des étapes, non-conformiste, vivant dans le passé et incapable de surmonter la douleur et d'avancer. C'est pourquoi il est important d'avoir un réseau de soutien pendant le processus de séparation et de deuil. L'aide professionnelle, des amis, des parents, des collègues peuvent contribuer au soulagement de la douleur et à la restructuration de la vie.

Il convient de rappeler que de nombreuses personnes semblent avoir reconstruit leur vie en peu de temps, mais il reste encore de nombreux problèmes en suspens, des regrets, des jalousies. Un bon conseil pour évaluer si le deuil s'est terminé de manière satisfaisante est l'absence de sentiments extrêmes, tels que la colère ou l'affection. Autrement dit, si la personne est bien et heureuse et ne se souvient même pas de son ex, cela indique qu'elle a surmonté la rupture.

Le deuil est un processus naturel dans nos vies lorsque nous perdons quelqu'un ou quelque chose d'important. Nous devons respecter ce processus, donner de l'espace pour ressentir la douleur de la perte, ne pas accuser ou penser que nous devons bientôt mettre fin à nos sentiments. Le deuil a un début, un milieu et une fin. Il n'y a pas de règles ou de bonnes manières lorsqu'il s'agit de gérer la tristesse, la colère, la douleur, l'anxiété et tant d'autres façons d'exprimer le manque que l'autre fait dans nos vies. "Les pertes font partie de nos vies, les accepter est le début du processus à la recherche de nouvelles expériences, relations et possibilités. Si vous rencontrez des difficultés, n'hésitez pas à demander de l'aide".

Chapitre 7 : Travailler sur les pensées et les croyances limitantes

Les croyances limitantes nous empêchent d'essayer, de prendre des risques, de grandir et nous font stagner. Il est donc important de les déconstruire.

Les croyances limitantes sont des opinions et des pensées que nous avons intégrées ou entendues durant notre construction en tant qu'individus et qui, de nos jours, nuisent à notre capacité de croissance personnelle et professionnelle. La plupart d'entre elles sont des pensées négatives qui nous font ne pas croire en la possibilité de réaliser un rêve ou même d'atteindre nos objectifs. Nous croyons qu'elles sont vraies et ces croyances nous empêchent d'essayer, de prendre des risques et de grandir, ce qui nous maintient coincés dans une zone de confort. Il est donc important de les déconstruire.

La première étape pour s'en débarrasser est de prendre conscience de ce qu'elles sont et de la façon dont elles ont été introduites en nous. Cela nous permet de planifier ce que nous devons faire pour les changer.

Pourquoi avons-nous des croyances limitantes ?

Comme mentionné précédemment, elles nous ont été enseignées tout au long de notre vie, dès notre naissance, en nous reliant aux êtres humains qui nous entourent, nous acquérons de nouvelles expériences qui nous influencent.

La formation de notre caractère, de notre environnement, des personnes avec lesquelles nous vivons et de nos expériences sont les principales raisons de l'apparition de ces croyances. Ces influences ne génèrent pas toujours des impressions positives, il y a des croyances qui nous poussent au succès et d'autres qui nous limitent. Ces dernières entravent notre potentiel et notre croissance.

Comment découvrir nos croyances limitantes ?

Un bon moyen d'identifier les croyances limitantes est de réfléchir à ce qui nous fait peur et à la manière dont cela s'est produit. Toutefois, cela n'est pas toujours simple, parfois il faut toute une vie pour déconstruire quelque chose qu'on nous a appris lorsque nous n'étions que des enfants. Il suffit de plonger profondément dans la connaissance de soi, de développer l'intelligence émotionnelle pour identifier ces pensées, les recadrer, penser différemment et laisser derrière nous les influences négatives.

Comment surmonter vos croyances limitantes ?

La première étape consiste à prendre conscience que les croyances limitantes ne reflètent pas la réalité. Elles ne sont pas des vérités absolues sur qui vous êtes. La plupart du temps, elles ne sont qu'une projection de ce que nous ressentons à propos de quelque chose.

Ainsi, un bon moyen de surmonter vos croyances limitantes est de vous rappeler que ces croyances n'ont aucune base logique ou scientifique. Elles ne sont rien de plus qu'une pensée, quelque chose que nous construisons dans nos têtes et que, au fil des années, nous assumons comme une vérité.

Par conséquent, en réfléchissant au sujet et en se concentrant sur les faits, nous pouvons commencer à réfuter une pensée négative infondée. Il est très important de faire la distinction entre quelque chose qui a été projeté dans votre esprit et quelque chose qui est un fait et n'a aucune possibilité de changement.

Si vous voulez surmonter vos croyances limitantes et que vous en avez assez de manquer les opportunités de la vie, voici quelques étapes pour vous aider dans ce processus:

Identifier les croyances limitantes La première étape consiste à identifier quelles croyances vous empêchent d'atteindre votre potentiel et limitent votre croissance. Dans quelles situations avez-vous cessé de faire quelque chose et pourquoi ? Notez la raison sur papier. C'est votre croyance limitante.

Comprendre qu'il s'agit d'une simple croyance Maintenant, observez cette croyance et reconnaissez si elle était une pensée inconsciemment introduite dans votre tête en tant que vérité. Rappelez-vous que ce n'est pas un fait concret.

Défiez votre croyance Pensez à quelques lignes directrices pour remettre en question cette croyance et prouver qu'il n'y a rien de réel, juste des événements plantés dans votre tête. Réfléchissez s'il y a des faits qui prouvent cette logique, depuis quand pensez-vous comme ça, et comment les gens voient ces croyances...

Risquez le non dans votre vie Des phrases comme « je ne peux pas » et « je ne suis pas capable » sont souvent les premières phrases des croyances limitantes. Donc, une excellente façon de commencer à les déconstruire est de supprimer le non au début de la phrase.

En éliminant les pensées saboteuses, en supprimant le non des fronts de parole, vous pouvez remplacer une croyance limitante par une croyance habilitante. Ce simple changement peut faire toute la différence.

Les croyances limitantes sont en fait des opinions et des pensées introjectées qui altèrent grandement la capacité d'épanouissement personnel et professionnel. Bien que cela semble être une vérité indiscutable, la croyance limitante n'est pas qui vous êtes. S'accrocher à une pensée négative signifie souvent manquer des opportunités uniques.

Ainsi, repensez, réévaluez et considérez si cela vaut la peine d'abandonner votre objectif en raison d'une croyance limitante. Prendre conscience des conséquences de laisser ces vérités grandir en vous est un élément déclencheur pour recadrer vos expériences.

Ce n'est pas parce qu'une chose n'a pas fonctionné au départ qu'elle est vouée à toujours mal tourner.

Chapitre 8 : Apprendre à s'aimer soi-même et à avoir confiance en soi

Dans un monde où nous sommes constamment occupés à courir d'un endroit à l'autre, remplis de tâches et de problèmes, il est essentiel de parler d'estime de soi. Savoir comment augmenter notre estime de soi et comment avoir de l'amour pour nous-mêmes est très important de nos jours. De cette manière, nous pouvons faire face à la vie d'une manière plus légère, transformer nos émotions en positivité et nous sentir mieux, plus forts et plus heureux.

Ces deux choses vont de pair, se complètent et ne sont rien de plus que la perception que nous avons de nous-mêmes, de nos émotions et de nos pensées. La façon dont nous nous voyons (idéalement positivement, n'est-ce pas ?) a un impact direct sur nos attitudes, notre façon de voir le monde et la façon dont nous allons gérer les gens et les situations - que ce soit dans notre vie amoureuse, notre vie professionnelle ou dans notre cercle familial ou amical.

Parfois source de confusion, de honte ou considéré par certains comme de l'égoïsme, l'amour de soi vient nous sauver d'un monde obscur et nous faire entrer dans un monde rempli de paix et de couleurs ! Alors démystifions-le et pratiquons-le ?

Qu'est-ce que l'amour de soi ?

Amour de soi et égoïsme

Ces deux choses n'ont rien à voir l'une avec l'autre. Parfois, notre culture ou même notre éducation nous fait croire à tort qu'il faut toujours se consacrer davantage à l'autre qu'à soi-même et que faire le contraire n'est pas un mode de vie altruiste. Bien sûr, c'est formidable d'aider et de se soucier des autres, cela montre beaucoup de force de caractère et de gentillesse.

Mais le simple fait de penser constamment aux autres peut être une forme d'auto-sabotage qui ne nous laisse aucune place pour remplir notre mission d'être heureux et épanouis. Alors comprenez une fois pour toutes : l'égoïsme consiste à tout faire en pensant à soi-même et à ses propres avantages, sans jamais penser aux autres.

L'amour de soi, c'est prendre soin de soi pour atteindre son potentiel, être heureux et ainsi être la meilleure personne pour aider les autres, mais sans jamais s'annuler soi-même.

Se concentrer sur soi n'est pas toujours facile. Nous avons d'innombrables tâches et choses auxquelles penser constamment et parfois notre santé et notre bien-être peuvent passer au second plan.

Certaines personnes peuvent traverser des moments difficiles et être un peu perdues sur la façon dont elles peuvent atteindre cet amour inconditionnel pour elles-mêmes, même si elles souhaitent travailler sur cet aspect. La vérité est qu'il n'y a pas de raccourci ou de réponse toute faite, mais c'est un travail quotidien - mais très, très gratifiant !

Changer de mentalité et d'attitude, se comprendre et se respecter.

Tout le monde est différent les uns des autres et savoir quelles sont vos préférences, ce qui vous fait vous sentir bien et ce qui vous fait vous sentir mieux est la première étape. Ou aimeriez-vous aller? Quelles sont les personnes qui vous font rire et vous motivent ? Quels passe-temps vous rendent léger et heureux ?

Ce sont des questions qui doivent être posées, mûrement réfléchies puis mises en pratique dans la vie de tous les jours.

La connaissance de soi est vraiment merveilleuse et c'est tellement incroyable tout ce que nous pouvons accomplir lorsque nous réalisons ce qui nous rend vraiment heureux.

Conseils pratiques pour améliorer l'estime de soi et avoir l'amour de soi

Prendre conscience

Il s'agit peut-être de l'étape la plus importante de toutes ! Dans notre vie quotidienne, nous sommes souvent dans un état d'inertie et agissons souvent de manière automatique. Les routines et les habitudes nous font répéter les mêmes comportements encore et encore. Nous avons cette idée inconsciente que "c'est vrai", "c'est une assurance", et de nombreuses personnes vivent dans une complaisance constante, même si elles ne sont pas complètement heureuses.

Notre proposition est donc la suivante : sortez de l'automatisme. Prenez le temps de réfléchir et de vous arrêter pour vous regarder. Êtes-vous heureux ? Les attitudes que vous adoptez sont-elles bonnes pour vous ? Apprenez à faire cet exercice de regarder à l'intérieur et de comprendre la cause et la conséquence, c'est-à-dire : ce que je fais ici m'affecte là-bas. Commencez à vous comprendre par la connaissance de vous-même !

Pratiquez ce qui vous rend heureux

Il y a des gens qui aiment aller au cinéma, à la plage ou lire un livre, mais ils ne trouvent jamais le temps pour le faire, à cause du travail, du manque de motivation, d'argent, etc. Cependant, vous DEVEZ trouver du temps pour faire ce qui vous rend heureux.

Cela augmentera votre taux de sérotonine (une hormone directement liée à notre humeur, notre sommeil, notre faim... s'il est bas, vous pouvez avoir des sautes d'humeur, de l'insomnie et même de l'anxiété ou de la dépression) et vous rendra ainsi beaucoup plus heureux et plus motivé pour continuer à travailler sur l'amélioration de votre estime de soi.

Éliminez ce qui est mauvais pour vous

Il peut s'agir de nourriture, d'une addiction ou même de personnes. Être proche de ce qui n'est pas bon pour vous, c'est déjà de l'auto-sabotage, n'est-ce pas ? Cela peut être très difficile, mais vous n'êtes pas venu au monde pour vous détruire, n'est-ce pas ? Secouez cette poussière et commencez, même progressivement, à éliminer ce qui n'est pas bon pour vous. C'est aussi une façon de s'aimer.

Faites ce que vous devez faire

Combien de fois avez-vous eu besoin ou voulu faire quelque chose mais avez réfléchi mille fois et ne l'avez pas fait à cause de quelque chose, quelqu'un ou une situation ? Comme nous l'avons dit au point 1, vous devez comprendre vos besoins et les suivre dans la mesure du possible. Faites un effort et suivez votre intuition, cela vous aidera à décider quoi faire lorsque vous commencerez à vous écouter. Rappelez-vous que ce dont vous avez besoin n'est pas toujours ce que vous souhaitez. Ne vous sabotez pas, comprenez ce qui est bon pour vous et préparez-vous à prendre cette décision.

La confiance en soi peut être considérée comme une force interne capable de révolutionner la vie de n'importe qui. Elle aide à améliorer l'humeur et vous donne la possibilité d'atteindre vos objectifs. Découvrez donc quelques habitudes qui vous aideront à devenir une personne plus sûre d'elle.

Acceptez-vous et aimez-vous

La relation entre la confiance en soi et l'amour de soi est intrinsèque, c'est-à-dire qu'une chose ne peut exister sans l'autre. Par conséquent, si vous commencez à vous accepter, vous vous aimerez et aurez plus confiance en vous. En ayant plus de confiance en soi, l'amour de soi sera renforcé. Rappelez-vous que ceux qui s'aiment prennent soin d'eux-mêmes.

Faites une liste de toutes les bonnes choses que vous avez Cela peut sembler banal, mais essayez de mettre toutes vos qualités sur papier. Personne n'a besoin d'avoir accès à ce que vous écrivez, vous pouvez donc être sincère et mettre tout ce que vous voyez comme des qualités de votre personnalité. Vous verrez qu'il n'est pas si simple de mettre en avant les points positifs de son être. Cela demande de la pratique et augmentera énormément votre confiance en vous.

Adoptez une bonne posture

Les grands changements se font dans les détails. Si vous voulez avoir plus confiance en vous, vous devez apprendre à vous tenir debout. La façon dont vous marchez peut influencer la façon dont vous vous voyez. Tenez-vous droit, placez vos épaules en arrière, gonflez votre poitrine et gardez la tête haute. Faites cet exercice plusieurs fois par jour.

Soyez positif

Arrêtez de vous plaindre maintenant. Commencez à être une personne plus positive et croyez en la capacité de changer. Fixez-vous de petits objectifs à atteindre et sentez-vous capable de les atteindre. Cela opérera un véritable miracle dans votre façon d'être, de penser et d'agir.

Soyez calme pour éveiller la confiance en vous

Enfin, rappelez-vous que les changements dans la vie se produisent lentement et que chaque réalisation a son temps pour être atteinte. Prenez votre temps et vivez un jour à la fois.

Chapitre 9 : Cultiver des relations saines

Les relations sociales occupent une place essentielle dans nos vies. Nous établissons et rompons des liens à chaque nouvelle étape - à l'école, au collège, au travail, pendant les voyages et autres expériences. Ces relations peuvent prendre diverses formes, telles que la commodité, l'amitié, la collégialité, le travail et l'amour. Nous ne pouvons pas vivre pleinement sans établir des liens avec les autres, même s'ils sont temporaires.

Il est important de se rappeler que nous avons besoin des autres pour obtenir ce que nous voulons, tout comme ils ont besoin de nous pour obtenir ce qu'ils veulent. Par conséquent, il est crucial d'apprendre à établir des relations saines.

Cependant, cela peut parfois sembler plus facile à dire qu'à faire, n'est-ce pas ? Traiter avec les gens peut être compliqué en raison des différences de personnalités et de valeurs.

La thérapie peut également aider dans ce domaine en apprenant aux patients comment établir de meilleures relations interpersonnelles.

Mais qu'est-ce qui peut ruiner des relations saines ? Les conflits érodent les relations interpersonnelles, quelle que soit leur nature. Ils sont causés par un certain nombre de raisons, dont l'inflexibilité.

Les différences d'opinions, de cultures, de personnalités, d'ambitions, de valeurs et de façons de penser peuvent poser problème dans les relations si on ne sait pas comment les gérer. Dans un monde diversifié et complexe comme le nôtre, il est peu probable que nous trouvions des personnes qui pensent et agissent exactement comme nous. Par conséquent, il est essentiel d'apprendre à gérer les différences pour maintenir des relations saines.

Le manque de confiance est l'une des causes les plus fréquentes de conflits entre les couples. Pour être durables, les relations amoureuses doivent reposer sur des bases solides de respect, de confiance et d'amour. Le manque de confiance envers son partenaire peut causer de l'anxiété et susciter des spéculations - souvent illogiques - sur le caractère de celui-ci.

Lorsque nous rencontrons quelqu'un, nous créons souvent des attentes pour cette relation. Nous voyons la personne à travers un voile d'enthousiasme apporté par la nouveauté de la relation, risquant ainsi de l'idéaliser. Le problème est que des attentes excessives peuvent causer de la frustration.

Ceux qui ont un fort désir de contrôle ont du mal à laisser la vie suivre son cours naturel. Ils ressentent le besoin de contrôler la vie des autres, en particulier celles de leurs proches et de leurs conjoints, et les conflits ont tendance à se produire lorsque l'autre ne fait pas ce qu'il suggère.

Les personnes émotionnellement dépendantes nourrissent une peur irrationnelle de perdre ceux qui sont importants pour elles, même lorsqu'il n'y a aucun signe que cela se produira. S'inquiéter d'un éventuel abandon est nocif pour elles-mêmes et leur partenaire, qui peuvent se sentir étouffés par cette attention.

Il est important de réfléchir à la nature de nos relations interpersonnelles actuelles. Certaines personnes maintiennent des relations malsaines sans s'en rendre compte, souvent parce qu'elles ont peur de perdre ces relations ou sont incapables de couper les liens avec des personnes toxiques. La peur, la complaisance, la faible estime de soi, la dépendance financière et même la dépression peuvent les empêcher de prendre une décision bénéfique pour eux-mêmes. Il est important de prendre conscience de ces relations et de les considérer de manière objective pour savoir si elles sont bénéfiques ou nuisibles.

Ci-dessous, voici les signes indiquant que vos relations ne sont peut-être pas aussi saines que vous le pensez :

- Vous vous sentez anxieux à l'idée d'interagir avec la personne ;

- Vous vous sentez mal à l'aise pendant et/ou après l'interaction ;

- Vous sentez que vous devez être responsable ou faire certaines choses pour ne pas mettre la personne en colère ;

- Vous savez que lui parler ne servira à rien ;

- Vous vous privez de faire ce que vous voulez pour satisfaire les besoins de la personne ;

- Vous vous êtes éloigné de vos amis et de votre famille à cause de cette personne ;

- Vous entendez plus d'accusations et de critiques que de compliments de la part de cette personne ;

- Vous vous sentez obligé de faire quelque chose que vous ne voulez pas, agissant souvent contre votre volonté ;

- Vous vous sentez impuissant.

Si vous avez identifié l'un de ces signes, il est peut-être temps d'avoir une discussion sérieuse avec cette personne, qu'elle soit un conjoint, un membre de votre famille, un collègue ou un ami. Il est important de ne pas ignorer les signes de relations malsaines et de prendre des mesures pour améliorer la situation.

Comment avoir des relations saines ?

Construire des relations saines demande du temps et des efforts. Il est nécessaire d'avoir de la patience, de l'empathie et de la bonne volonté pour être heureux dans une relation, ainsi que pour voir l'autre heureux avec la dynamique de la relation.

En d'autres termes, cela peut sembler être beaucoup d'attention, mais en réalité, des relations saines se construisent au fil du temps. C'est dans la vie de tous les jours que vous pouvez déterminer si vous pouvez ou non entretenir une bonne relation avec une personne en particulier. Pour vous aider dans cette tâche, nous avons séparé cinq conseils sur la façon d'avoir des relations saines.

Ayez des attentes réalistes

Il est normal d'avoir des attentes concernant vos relations. Même involontairement, vous finissez par idéaliser certains moments et comportements de l'autre, surtout dans les relations amoureuses. Donc, ne disons pas « n'ayez pas d'attentes », mais plutôt « ayez des attentes réalistes ». Soyez ouvert à la possibilité que vos attentes ne correspondent pas à la réalité.

Lorsque cela se produit, faites attention au comportement réel de l'autre personne et demandez-vous si vous pouvez vivre avec elle telle qu'elle est actuellement. Le poids des attentes augmente lorsque nous croyons que nous devons accepter tout ce que l'autre nous offre. Si nous ne le faisons pas, quelque chose ne va pas chez nous, n'est-ce pas ? La réalité est bien différente de cette pensée. Nous ne pouvons accepter que ce qui est bon pour nous, et vice versa.

Soyez flexible

Une rigidité excessive peut éroder une relation, comme nous l'avons vu précédemment. Soyez donc flexible. Gardez à l'esprit que les gens sont libres d'être qui ils veulent et d'agir de la manière qu'ils jugent la plus favorable pour eux. Vous pouvez offrir des conseils et faire des demandes si nécessaire (par exemple lorsque la personne se fait du mal), mais vous ne pouvez pas contrôler les autres.

Une fois que vous avez fait votre part pour aider l'autre personne, vous devez la laisser libre de prendre ses propres décisions.

Faites preuve de souplesse également face aux changements. Il est normal d'être anxieux lorsque la structure confortable de votre vie change. Vous ne pouvez tout simplement pas laisser l'anxiété vous envahir. La dynamique des relations change d'innombrables fois au fil des ans. Accompagnez les changements au lieu de les combattre.

Optez pour le dialogue

Dialogue avec votre conjoint, un parent, un ami, un collègue, un voisin et toute autre personne avec qui vous avez une relation. La communication est essentielle pour des relations saines. Ne craignez pas les conversations qui, à première vue, semblent compliquées. Beaucoup de gens craignent de résoudre les conflits par le dialogue parce qu'ils croient qu'ils ne peuvent pas mener des conversations difficiles.

Tout ce que vous avez à faire est d'écouter l'autre personne et de vous exprimer poliment et respectueusement.

Prenez soin de vous

D'autres personnes nous aident à garder nos vies équilibrées et heureuses, mais elles ne peuvent pas répondre à tous nos besoins. Exiger cela n'est pas cool. Vous seul savez exactement ce dont vous avez besoin dans cette vie pour vous sentir bien. L'autre peut avoir d'excellentes intentions, mais ne pas savoir comment vous aider comme vous le souhaitez.

Il doit aussi gérer ses conflits, ses traumatismes et ses dilemmes. De cette façon, ne lui mettez pas la responsabilité de votre bonheur. Identifiez ce que les personnes de votre entourage peuvent vous aider (ami d'épaule, conseils, aide financière, etc.) et essayez de prendre en charge le reste de vos besoins à votre manière.

Rappelez-vous qu'il est possible de parler à un psychologue lorsque les problèmes semblent sans solution.

Apprenez à gérer les conflits

Les conflits sont inévitables dans les relations. Bientôt, vous devrez apprendre à les gérer de la manière la plus saine pour vous et les autres.

Certaines attitudes que vous pouvez adopter sont :

• Attendez que la poussière se dépose pour parler ;

• Utilisez des phrases comme « quand vous faites X, je ressens X » au lieu d'accusations ;

• Évitez les critiques et les jugements ;

• Affirmez-vous avec ce que vous pensez et ressentez afin de ne pas faire deviner l'autre personne. Si vous ne savez pas ce que vous ressentez, exprimez-le ;

• Focus sur la problématique du moment ;

• Reconnaissez que certains problèmes ne sont pas faciles à résoudre.

Pour pouvoir créer des liens et bâtir des relations saines, il faut d'abord regarder à l'intérieur de soi pour développer sa connaissance de soi, sa maîtrise de soi et identifier ses vulnérabilités et ses limites. Ce n'est que lorsque nous nous comprenons que nous pouvons comprendre l'autre et prendre soin de l'espace de l'autre dans la relation. La relation se construit et c'est pourquoi le dévouement, les soins et les soins personnels sont toujours nécessaires.

Chapitre 10 : Pratiquer la méditation et les techniques d'auto-compassion

Il n'y a vraiment pas de secret pour méditer. Cependant, il existe quelques directives pour tirer le meilleur parti de cette technique de connexion avec votre moi intérieur. Il existe également différentes techniques méditatives qui visent différents objectifs.

Pour ceux qui ont des difficultés et qui veulent commencer à pratiquer, changer de technique peut être la solution.

Qu'est-ce que la méditation ?

La méditation est une pratique de connexion avec soi-même. Au fur et à mesure que l'individu s'immerge dans son propre silence, l'esprit se calme et le corps se détend. Cet état de tranquillité complète est atteint en focalisant l'attention.

La méditation vise le contact avec le "moi" intérieur, libre de censures, qui sont normalement alimentées par les croyances et les pressions sociales. Les bienfaits se font sentir de différentes manières : diminution de l'anxiété et du stress, amélioration de la qualité du sommeil, plus grande concentration et meilleure gestion de la journée, prise de conscience du moment présent et amélioration de la gestion des émotions.

Lorsque vous apprenez à méditer correctement, vous vous rendez rapidement compte que les événements ne vous frappent plus émotionnellement comme auparavant. Les situations désagréables sont toujours là, mais vous ne vous connectez pas aux émotions négatives et vous les empêchez d'affecter votre santé mentale. C'est une compétence qui vient naturellement avec la méditation régulière.

Êtes-vous le genre de personne qui fait une erreur et qui se retrouve ensuite à s'attarder dessus et à se demander ce que vous auriez pu faire différemment ? Il peut souvent s'agir d'un manque d'auto-compassion. Il n'est pas toujours facile de regarder généreusement nos actions et nos choix et de reconnaître que nous ne sommes humains que lorsque quelque chose ne va pas.

Ici, il convient de noter que ce regard plus indulgent ne signifie pas avoir de la pitié pour soi-même, c'est-à-dire se victimiser ou se plaindre de son sort. L'auto-compassion est la reconnaissance que, comme tout le monde, vous méritez d'être compris et que vous devez être moins exigeant envers vous-même au quotidien.

"Cette perspective de soins personnels a à voir avec notre connexion et notre perception de nous-mêmes. Et cette reconnexion apportera du bien-être. Il est important que nous nous demandions toujours qui nous sommes et où nous voulons aller. La société exige la recherche de la perfection et cela empêche l'acceptation de soi."

Les personnes qui ont plus d'auto-compassion sont plus susceptibles d'avoir des relations plus saines, une plus grande conscience émotionnelle, une plus grande clarté des faits et de l'acceptation. Elles réagissent généralement mieux au stress, évitent les soucis inutiles et ont moins de problèmes émotionnels, tels que la dépression et l'anxiété.

Soyez compréhensif envers vous-même. L'auto-compassion passe également par la bienveillance envers soi-même, le sentiment d'appartenance à une communauté (l'humanité commune) et la pleine conscience.

L'auto-bienveillance, c'est lorsque nous pouvons nous comprendre de manière plus humaine et nous traiter avec respect et affection dans toutes les situations. Il faut également faire preuve de patience face aux échecs, en étant plus tolérant envers vos propres limites.

L'humanité commune reconnaît que toutes les expériences individuelles sont intégrées à l'expérience humaine. Par conséquent, nous ne sommes pas isolés ou si éloignés les uns des autres. C'est une façon de se rendre compte que chacun traverse des difficultés et se sent souvent inadapté.

La pleine conscience consiste à reconnaître ses pensées au lieu de réagir de manière explosive. Il est essentiel de reconnaître la douleur (physique ou émotionnelle), de l'associer au moment que vous vivez et de réfléchir à ce que vous ressentez.

"C'est important de pouvoir être compréhensif envers soi-même, surtout lorsque l'on souffre ou que l'on échoue. Dans ces moments-là, la tendance est à l'autocritique accrue. Ce que nous vivons fait partie de notre histoire, de quelque chose de plus grand. Il n'est pas nécessaire de prendre la responsabilité de tout, car nous ne contrôlons pas toujours les situations."

Comment entraîner l'auto-compassion ?

La bonne nouvelle est que développer l'auto-compassion est une attitude qui peut être intégrée à notre routine quotidienne. Certaines techniques et astuces peuvent aider à atteindre cet objectif et à vivre de manière plus équilibrée.

La compétence de l'auto-compassion peut être développée car elle est déjà présente en nous. Il est important de prendre du temps pour soi, de revoir nos projets et nos responsabilités, ainsi que de nous permettre de parler de nos sentiments.

Voici comment pratiquer l'auto-compassion :

Parlez-vous comme vous le feriez avec un ami. Un moyen très efficace d'être plus gentil avec soi-même est de se demander : "Est-ce que je parlerais comme ça à un ami ?" En général, nous traitons nos amis avec plus de gentillesse et moins de jugement qu'envers nous-mêmes.

Prenez soin de vous comme vous prendriez soin des autres. Il est également important de vous donner la permission d'être humain, d'accepter vos défauts et de vous rappeler régulièrement que tout le monde est imparfait.

Chaque fois que vous avez un discours intérieur négatif, essayez de penser à ce que vous diriez à quelqu'un que vous aimez vraiment. Il vaut également la peine d'écrire sur les sentiments et les pensées qui interfèrent avec l'estime de soi.

Évitez de vous juger. N'êtes-vous pas trop dur avec vous-même ? En plus de rechercher la perfection, il est courant que les erreurs causent de la douleur, des regrets et des jugements. Cependant, un jugement de soi excessif génère de la peur, de l'anxiété, de la colère et même de la dépression. "Plus nous pensons que nous sommes capables, plus nous nous exigeons et nous jugeons. Cependant, nous vivons dans une culture qui nous pousse à des exigences déraisonnables. Il ne s'agit pas d'être la meilleure version de vous-même, mais d'être la meilleure version possible de vous-même."

Ne vous comparez pas aux autres. Lorsque vous vous comparez à une personne que vous considérez comme ayant réussi, il est courant que vous vous sentiez mal dans votre peau, pensant que vous avez échoué ou que vous n'avez pas fait assez d'efforts. "La charge vient souvent de la comparaison que l'on fait avec les autres. Chacun est dans son propre processus de maturation. Il a son histoire, ses réalisations, ses défis et sa personnalité. Cela peut être une vision déformée de la réalité, une illusion qui fait souffrir."

Personne n'est parfait. Apprendre à se pardonner peut être le chemin vers l'acceptation de soi. Cela ne signifie pas oublier ses erreurs, mais reconnaître sa propre humanité et faire preuve de plus de compassion envers soi-même. Il est également important de se rappeler que les erreurs peuvent conduire à l'apprentissage et à la croissance personnelle.

Il est crucial d'apprendre à s'aimer et à apprécier les traits qui nous rendent uniques. Au cours de ce voyage, il est essentiel de reconnaître nos forces et les changements qui sont encore nécessaires. Cependant, il est recommandé de célébrer nos réalisations, même les plus petites.

"Nous sommes plus généreux envers les autres lorsque nous sommes capables d'accepter nos particularités et notre histoire de manière unique. En réduisant nos attentes envers nous-mêmes, nous réduisons également notre exigence envers les autres."

Partie III : Les stratégies pour éviter de répéter la blessure d'abandon

On ressent généralement plus l'abandon de l'autre, mais lorsque la douleur survient, elle peut servir d'avertissement. L'autre est souvent le reflet de ce que nous sommes à l'intérieur, donc considérez cela comme un indicateur de votre vie intérieure. Sachez que votre monde extérieur sera une copie fidèle de votre état intérieur. Si vous vous sentez abandonné par les gens ou si vous avez souvent ce genre de sentiment, arrêtez tout et affrontez vos peurs.

La fuite ne résoudra pas les problèmes, et dans de nombreuses situations, elle ne fera qu'aggraver les choses. Prenez soin de vous comme vous le feriez pour la personne que vous aimez le plus. Parlez-vous comme vous parleriez à cette personne, et faites-vous plaisir avec affection. Reconnaissez tout ce que vous avez accompli dans votre vie, regardez votre passé et constatez combien de réalisations vous avez déjà accomplies. La vie ne devrait pas être grise, elle est colorée, parfumée et belle.

La douleur peut survenir pour différentes raisons, mais elle peut être un indicateur que quelque chose ne va pas dans notre vie. Au lieu d'éviter la douleur, il est important de l'affronter et de chercher à comprendre sa cause. Les sentiments d'angoisse, d'anxiété et d'agitation ne sont pas normaux et ne doivent pas être cultivés au quotidien. L'état normal est celui de la paix, de la sérénité et de l'équilibre.

Tout est une question de choix. Prenez soin de votre jardin, arrosez vos plantes et vos arbres. Arrêtez de charger quelqu'un d'autre de prendre soin de vous, c'est votre responsabilité. La vie que nous avons est entièrement de notre responsabilité, et cela est formidable car cela nous donne le pouvoir de changer ce que nous voulons, y compris notre attitude interne. Recherchez la connaissance de vous-même et votre auto-guérison, alors seulement votre sentiment d'abandon cessera et vous aurez plus de plaisir à vivre.Rappelez-vous comment c'était dans l'enfance, tout était plus léger et plus facile.

Pourquoi prendre tout si sérieusement ?

Cherchez la légèreté.

Recherchez la luminosité dans vos yeux.

Trouvez la passion pour tout ce que vous faites.

Explorez votre monde intérieur.

Évitez de vous plaindre et de gaspiller votre énergie, cela ne sert à rien.

Si vous ne pouvez pas changer votre attitude seul(e), cherchez de l'aide extérieure, mais faites quelque chose pour vous-même.

La douleur de l'abandon est optionnelle, guérissez ce qui vous fait mal et voyez comment tout peut s'améliorer.

Votre monde change lorsque vous changez.

Chapitre 11: Prendre soin de ses besoins émotionnels et relationnels

Savez-vous ce qu'est l'auto-soin et comment le pratiquer ? Dans le monde dans lequel nous vivons, où le stress est un fidèle compagnon de nos journées, il est important d'avoir une routine de soins personnels. Parfois, les obligations professionnelles et familiales ne nous permettent pas de prendre du temps pour nous-mêmes. Cette accumulation de stress peut être contre-productive car elle affecte notre santé de plusieurs façons. Il a été prouvé que le stress est l'un des principaux facteurs de maladies cardiaques, d'accidents vasculaires cérébraux, entre autres. Il est donc important et essentiel de prendre du temps pour soi.

Pour certaines personnes, se déconnecter de leur environnement est une tâche presque impossible. Mais tout dépend de nous et de la façon dont nous nous organisons. Parfois, notre esprit nous fait croire que nous ne pouvons pas nous accorder de temps pour nous-mêmes, ce qui nous limite. Nous avons également tendance à croire que si nous ne prenons pas en charge tous les détails, comme les tâches ménagères, le travail, ou la famille, le monde s'effondrera et tout deviendra chaotique. C'est totalement faux. Le monde continuera de tourner avec ou sans vous, peu importe à quel point il est difficile de reconnaître ce fait. Si vous vous éloignez de votre routine quotidienne pendant quelques heures pour vous consacrer exclusivement à vous-même, le monde ne s'arrêtera pas.

De plus, votre famille, vos collègues et vos amis vous remercieront, car vous serez beaucoup plus détendu et votre humeur sera différente. Avant d'aborder cette question plus en détail, il est important de savoir exactement ce qu'est l'auto-soin. De cette façon, vous aurez une idée beaucoup plus claire de son importance pour la santé physique, mentale et émotionnelle.

Que sont les soins personnels ?

Les soins personnels désignent l'attention que nous portons à notre propre bien-être, physique, mental et émotionnel. Pour prendre soin de nous-mêmes, il est essentiel d'identifier nos besoins et de chercher à y répondre. Les soins personnels sont liés à l'estime de soi et à la confiance en soi, car il est difficile d'aimer les autres si nous ne nous aimons pas et de prendre soin des autres si nous ne sommes pas capables de prendre soin de nous-mêmes.

Il est courant de considérer les soins personnels comme un luxe ou une perte de temps, mais en réalité, il existe de nombreuses habitudes simples et saines que nous pouvons intégrer dans notre vie quotidienne. Méditer, écrire dans un journal ou faire une sieste sont des exemples d'actes de soins personnels, qui peuvent bénéficier à notre esprit, notre corps et notre âme.

Il est important de ne pas confondre les soins personnels avec l'égoïsme, car prendre soin de soi ne signifie pas ignorer les besoins des autres. Au contraire, cela nous permet d'être plus présents et plus disponibles pour les autres. Si nous ne nous mettons pas en premier, nous risquons de nous épuiser mentalement, de perdre notre motivation et même de développer des problèmes de santé mentale.

Pour prendre soin de nos besoins émotionnels, il est important de rester connecté à nos émotions, même si cela peut parfois être inconfortable. Accepter nos sentiments, y compris ceux de tristesse ou de colère, peut être bénéfique pour notre santé émotionnelle.

Rappelez-vous que les émotions ne sont ni bonnes ni mauvaises. Vous n'êtes pas responsable des émotions que vous ressentez. Ce qui fera la différence, c'est exactement comment vous vous comportez en réponse à elles.

Idées pour prendre soin de vos émotions :

- Tenez un journal et soyez honnête avec vos sentiments.

- Prenez le temps de réfléchir et de reconnaître ce qui ne fonctionne vraiment pas.

- Consultez un thérapeute ou un médecin lorsque vous sentez que vous ne pouvez pas résoudre vos problèmes par vous-même.

- Passez du temps avec un ami ou un membre de votre famille qui vous comprend vraiment.

- Acceptez vos émotions sans les juger.

- Méditez ou pratiquez le yoga.

- Riez, regardez un film ou des vidéos.

- Autorisez-vous à pleurer.

- Trouvez des moyens d'exprimer vos sentiments, comme la peinture, la danse ou l'écriture.

- Écrivez une liste de choses pour lesquelles vous êtes reconnaissant(e).

- Asseyez-vous pour contempler la nature.

Si vous n'aimez pas la solitude, voici quelques moyens pour vider votre esprit :

- Parlez à votre meilleur(e) ami(e) de choses insignifiantes, pas de problèmes.

- Sortez avec votre partenaire dans un endroit calme et/ou romantique.

- Marchez sur la plage avec votre partenaire ou quelqu'un dont vous appréciez la compagnie.

- Si possible, regardez le coucher de soleil ensemble.

Prendre soin de vos besoins relationnels

La connexion avec les autres est nécessaire à notre bonheur. Que vous soyez introverti(e) et préfériez des repas simples et intimes, ou extraverti(e) et que vous aimiez être entouré(e) de grandes foules, nous avons tous besoin d'interactions sociales.

Les humains sont des êtres sociaux et, par conséquent, nous cherchons du réconfort dans un réseau social solide. La socialisation peut avoir un impact significatif sur votre santé mentale, émotionnelle et même physique.

Ainsi, la prochaine fois que vous vous sentirez coupable d'avoir choisi de passer du temps avec des amis plutôt que de travailler ou d'étudier, considérez les avantages pour votre santé que vous offrez.

Idées d'auto-soins relationnel

- Rire. C'est un cliché, mais le rire est vraiment le meilleur remède. Vous n'avez pas besoin d'avoir un grand groupe d'amis pour être social. Le simple fait d'être entouré d'une personne que vous appréciez est suffisant pour vous sentir bien.

- Fixez-vous comme objectif de parler à quelqu'un de nouveau chaque semaine. Que ce soit une personne que vous rencontrez souvent à votre lieu de déjeuner préféré ou une personne assise à côté de vous dans le bus, rencontrer de nouvelles personnes peut être un moyen simple et efficace de vous faire sourire.

- Appelez un ami ou un membre de votre famille et discutez avec eux. Renouer avec de vieux amis ou des êtres chers est un sentiment formidable.

• Rejoindre un club est un moyen très simple de rencontrer des personnes partageant les mêmes idées. Peu importe ce que vous aimez faire pendant votre temps libre, il y a de fortes chances qu'il y ait un club ou une association pour cela. Être entouré de personnes qui aiment les mêmes choses que vous est un moyen infaillible de s'amuser.

• Faire du bénévolat. Le bénévolat peut offrir de nouvelles occasions amusantes et excitantes de rencontrer de nouvelles personnes et de faire une différence.

• Connectez-vous sur les réseaux sociaux. La technologie a bel et bien changé la façon dont nous interagissons, alors profitez-en au maximum.

• Commencez par dire oui aux invitations et aux opportunités. Êtes-vous souvent le premier à quitter votre cours de gym ? Parfois, il vaut mieux rester un peu plus longtemps car vous pourriez rencontrer un nouvel ami.

Prendre soin de soi est une habitude et une culture de la vie qui nous aide à comprendre que nous ne sommes pas seuls. Il ne s'agit pas seulement de faire des choses avec les autres pour la simple raison de les faire, mais de choisir de faire des choses avec des gens qui nous font vraiment du bien.

Souvent, nous avons tendance à penser que les soins personnels nécessitent des dépenses d'argent, mais en réalité, la définition inhérente des soins personnels implique de prendre le temps de s'arrêter, de reconnaître nos besoins et de faire quelque chose pour nous-mêmes qui nous profite. Chacun a une approche différente et unique des soins personnels, et il est important que votre plan s'adapte à vos besoins individuels.

Chapitre 12 : Se protéger des personnes qui nuisent à son bien-être

Protégez-vous des personnes toxiques dans votre vie en apprenant à les identifier et à les gérer. Les personnes toxiques peuvent être présentes partout, il est donc important de rester vigilant et de ne pas vous laisser contaminer par leurs attitudes négatives et leurs addictions émotionnelles.

Mais comment reconnaître une personne toxique ? Il y a plusieurs signes avant-coureurs à surveiller :

- Les personnes toxiques ont tendance à vous comparer à d'autres personnes, ce qui peut créer des sentiments d'insécurité et de compétition malsaine. Il est important de distinguer votre comportement de celui des autres et de ne pas vous laisser influencer négativement.

- Les personnes toxiques ont souvent des problèmes dans leurs relations personnelles et peuvent créer des désordres ou perturber la vie des autres. Il est important de rester vigilant et de ne pas vous laisser entraîner dans leurs conflits.

- Les personnes toxiques ont souvent des niveaux de stress élevés et peuvent être porteurs de négativité, ce qui peut affecter votre propre humeur et votre bien-être. Il est important de prendre soin de vous et de ne pas vous laisser entraîner dans leur cycle de négativité.

Il est important de se rappeler que les personnes toxiques ne rendront pas toujours consciemment la vie des autres insupportable. Parfois, ils sont eux-mêmes déjà dans des conflits internes et peuvent avoir besoin d'aide professionnelle pour y faire face. La clé est de rester vigilant et de protéger votre propre bien-être émotionnel et mental.

Première chose à savoir : il n'est pas de votre responsabilité de vouloir « détoxifier » une personne. Chacun a son propre contexte et son propre parcours de vie. Les comportements toxiques des personnes nécessitent souvent l'attention de professionnels de la santé mentale.

Cependant, nous pouvons aussi apprendre à filtrer certaines conditions qui nous amènent à adopter un comportement toxique. Nous avons le pouvoir de rejeter les pensées et les émotions négatives, les paroles et les actions qui peuvent nous influencer au quotidien.

Voici quelques conseils pour gérer les personnes toxiques :

1. Établissez des limites claires

Il est important de reconnaître et de décourager une relation avec une personne toxique. Même pendant un traitement, il est possible de ne pas percevoir les limites de l'acceptation de l'autre. Pour une personne toxique, tout peut sembler permis.

Cependant, évitez de faire des gestes radicaux, tels que l'exclusion, car cela peut donner à la personne le sentiment que votre influence n'est plus efficace. Cherchez le juste milieu en établissant des limites claires et en les faisant respecter.

2. Offrez votre soutien

Il peut être difficile d'établir une relation saine avec une personne toxique. Offrez plutôt votre soutien en l'aidant à trouver des professionnels de la psychologie qui pourront la guider pour ses angoisses, ses pensées négatives constantes, son stress ou sa mauvaise humeur. Évitez de la qualifier de personne négative ou toxique.

3. Identifiez les relations de pouvoir

Les personnes toxiques ont souvent besoin d'être au centre de l'attention et de tout contrôler. Fixez des limites claires en étant assertif sans pour autant encourager son côté négatif ou manquer de respect.

4. Ne répondez pas avec la même toxicité

Rappelez-vous que les problèmes sont ceux de la personne toxique, pas les vôtres. Les représailles ne feront que renforcer la violence ou l'aide apportée à cette personne. Évitez de vous défendre ou de vous disputer constamment, cela ne fera que nourrir son pouvoir de manipulation.

En établissant des limites claires, vous établissez des règles pour vous-même et pour les personnes toxiques. Il est fréquent de se sentir vulnérable face à ces personnes, mais cela peut nous apprendre à vivre avec certains types de violence et de manipulation.

En suivant ces conseils, vous pourrez adoucir, reconnaître et travailler sur votre capacité à contrôler vos émotions et à en neutraliser les effets.

Le secret pour agir de manière correcte réside dans votre capacité à ne pas vous laisser influencer négativement. Ne cédez pas à la peur, à la manipulation, à la violence ou à la tristesse.

Il n'est pas toujours facile de couper les ponts avec les personnes toxiques. Si vous avez besoin d'aide, n'hésitez pas à faire appel à un professionnel.

Chapitre 13 : Cultiver des relations saines et positives

L'épanouissement et le bonheur complet sont souvent liés à la qualité de nos relations. Que ce soit dans un cadre personnel, professionnel, amoureux, social ou familial, des relations saines favorisent l'harmonie intérieure. La capacité d'aimer et d'être aimé, ainsi que la capacité de créer et d'entretenir des relations, sont des facteurs déterminants dans la qualité de nos relations et nous amènent à des niveaux émotionnels plus élevés.

Cependant, atteindre ces niveaux n'est pas facile. Cela nécessite du temps, de la patience, du dévouement et des personnes désireuses de travailler ensemble pour créer quelque chose de significatif. Les relations humaines ne sont pas parfaites, mais il est fondamental qu'elles soient positives dans le bilan quotidien. En effet, chercher à maintenir des relations saines contribue non seulement à notre propre bonheur, mais aussi à celui des autres.

Il est difficile d'imaginer une vie sans la compagnie de notre famille et de nos amis, qui sont des personnes si importantes pour nous. Les relations ont toujours joué un rôle clé dans le bien-être des êtres humains, tant d'un point de vue pratique qu'émotionnel. En effet, depuis l'aube de l'humanité, nous avons survécu grâce à notre capacité à compter les uns sur les autres. C'est pourquoi il est essentiel de cultiver ces liens de manière positive pour notre propre bien-être et celui des autres.

10 conseils pour maintenir des relations saines

Si vous voulez entretenir des relations saines, commencez par faire votre part avant d'exiger quoi que ce soit de l'autre. Découvrez ci-dessous des conseils sur la façon de créer et de maintenir des liens puissants avec vos proches.

1. Respectez les différences Le respect est sans aucun doute le fondement de toute relation. Si vous cherchez à cultiver des relations saines et fructueuses, commencez par apprendre à respecter les autres. Cela s'applique même aux membres de votre famille, car même au sein d'une même famille, des différences existent. Rappelez-vous que vous vivrez toujours avec des personnes qui ont des opinions, des personnalités, des valeurs et des croyances différentes des vôtres. Pour éviter les conflits, il est important de savoir respecter ces différences. Au lieu de résister aux désaccords, apprenez d'eux. Vous pouvez parfaitement écouter les opinions des autres et en tirer des leçons. L'objectif n'est pas que vous soyez d'accord avec tout, mais plutôt que vous soyez ouvert à découvrir de nouvelles visions du monde.

2. Pratiquez la gentillesse Vous avez probablement entendu la célèbre expression "la gentillesse

engendre la gentillesse". Cette astuce s'applique également aux relations de toute sorte. Au lieu d'attendre des autres et de sombrer dans un océan d'insatisfaction, passez à l'action. Soyez le changement que vous souhaitez voir chez les autres. En pratiquant des gestes de gentillesse et de bienveillance, vous encouragez les autres à suivre un chemin similaire. Rappelez-vous que la façon dont les autres vous traitent reflète souvent votre propre comportement. Par conséquent, essayez d'agir de manière positive et augmentez les chances de recevoir la même réponse.

3. Soyez patient La patience est l'une des principales qualités requises pour avoir de bonnes relations. Apprenez à rester calme, tolérant et maître de vos émotions en tout temps, même en période de conflit. La patience aide à garder la douceur, la raison et surtout, elle donne la sagesse d'agir dans les moments difficiles. Chaque fois que vous sentez que vous perdez votre sang-froid, arrêtez-vous, respirez et, si possible, éloignez-vous physiquement de la situation. Cela vous permettra de réfléchir et d'agir avec sagesse.

4. Favorisez une bonne communication Le maintien d'un dialogue ouvert et transparent est l'un des éléments les plus importants pour maintenir de bonnes relations. La communication peut résoudre de nombreux problèmes et même les éviter.

Examinez la façon dont vous communiquez avec les personnes proches de vous. Vérifiez si vous avez réussi à vous faire comprendre ou si le message ne passe pas comme vous le souhaiteriez. Analysez la façon dont vous vous exprimez, votre ton de voix et si vous avez écouté l'autre, car tout cela influence la communication.

5. Accordez de l'espace aux gens Pour maintenir la proximité avec les gens, vous devez savoir quand il est temps de vous éloigner. Après tout, chacun a besoin de temps pour faire son propre truc. Si vous êtes du genre à aimer être ensemble tout le temps, réfléchissez à ce qui motive ce besoin. Essayez de garder à l'esprit que donner de l'espace aux gens ne les fera pas cesser de vous aimer. Au lieu de souffrir de cette distance, préférez consacrer ce temps à faire quelque chose que vous aimez, comme rencontrer d'autres amis, étudier, faire du sport, prendre soin de vous et tout ce qui a du sens.

6. Encouragez les gens Lorsque quelqu'un partage un objectif ou un plan avec vous, encouragez-le ! Évitez d'être cette personne qui ne fait que critiquer les actions des autres. Rappelez-vous que cela ne signifie pas de ne pas donner d'avertissements lorsque vous le jugez nécessaire. L'idée est d'être un soutien au lieu de décourager les rêves des autres.

7. Demandez des commentaires Tout comme l'écoute des commentaires au travail aide à se développer professionnellement, il en va de même pour les relations. Prenez l'habitude de demander des commentaires aux gens et soyez ouvert à écouter ce qu'ils ont à dire. Cela vous aidera à développer des compétences telles que la convivialité, la compréhension et la patience.

8. Prenez soin de votre estime de soi Vous ne pouvez pas parler d'attitudes importantes pour maintenir des relations saines sans mentionner la relation que vous entretenez avec vous-même. Prendre soin de votre estime de soi est essentiel pour éviter de projeter vos insécurités sur les autres. Les personnes qui sont à l'aise d'être qui elles sont n'agissent pas de manière jalouse ou ne se sentent pas menacées par les autres relations de leurs proches. Ainsi, les relations deviennent légères et équilibrées.

9. Gardez une bonne humeur Certaines personnes sont plus réservées, tandis que d'autres sont plus expansives. Cependant, dans les deux situations, il est possible d'avoir une attitude positive. Essayez de rire davantage, de voir les choses avec plus de légèreté et de ne pas vous prendre trop au sérieux, cela fera de vous une compagnie agréable et désirable.

10. Reconnaissez vos défauts Peu importe à quel point vous essayez de rendre vos relations positives, il est naturel de commettre des erreurs. Dans ces cas, l'important est de reconnaître que vous avez échoué et de faire ce que vous pouvez pour remédier à la situation. Pour certains, il semble évident d'avoir cette attitude, mais d'autres ont du mal à se responsabiliser. Si vous perdez votre sang-froid et que vous vous emportez avec l'autre personne, la responsabilité de votre comportement est la vôtre et non la leur. Reconnaître cela fera toute la différence dans vos relations.

Chapitre 14 : Accepter de prendre le temps de guérir de la blessure d'abandon

L'abandon est l'un des pires sentiments qu'une personne puisse ressentir au cours de sa vie. La frustration et la colère se conjuguent souvent à la rage et à l'impuissance face à cette réalité. La personne blessée par l'abandon trouve rarement une explication simple à une telle fatalité.

L'abandon n'a pas seulement des connotations physiques. Une personne peut être présente à vos côtés tout au long de votre vie et pourtant se comporter de manière distante vis-à-vis de vos sentiments. Les blessures causées par l'abandon peuvent être profondes et difficiles à guérir, il est donc important d'être prêt à affronter la douleur si vous vous retrouvez dans une telle situation désagréable.

Il existe des moyens de guérir les blessures de l'abandon, même si l'idéal serait de pouvoir les aborder avec l'aide d'un thérapeute. Voici les étapes pour revoir vos actions et effectuer un exercice d'introspection :

• Rédigez votre propre journal : cette étape est informative. Vous pourrez lire comment vous vous sentez à différents moments et dans diverses situations que vous avez vécues au cours de la journée. Vous saurez quelles choses vous procurent de la joie, de la tristesse, de la peur...

• Dialogue avec l'enfant en vous : c'est un processus bénéfique. Mettez-vous à la place de ce garçon ou de cette fille pour trouver l'explication de pourquoi vous ressentez d'une manière ou d'une autre certaines situations.

• Augmentez vos niveaux d'estime de soi : fixez-vous de petits objectifs et augmentez les réalisations progressivement et graduellement. De cette façon, vous verrez que vous avez la capacité de surmonter les obstacles et de vous débrouiller seul.

• Consacrez-vous du temps de qualité : ne vous frustrez pas et ne culpabilisez pas, vous avez besoin de faire une pause. Les pauses peuvent servir de source d'énergie pour les prochains défis qui nous attendent.

• Développez votre autonomie : choisissez votre propre voie, sans dépendre de l'avis des autres. Si vous échouez, permettez-vous d'apprendre de cette erreur et de gagner toute l'expérience possible. Le monde serait trop simple si nous réalisions tout ce que nous avions prévu de faire.

• Apprenez à faire confiance : une fois que vous avez exercé votre estime de soi et votre confiance en vous, vous devez commencer à regarder le monde extérieur avec des yeux différents. Tout le monde ne cherche pas à vous nuire, loin de là. Vous devez apprendre à choisir et à vous ouvrir aux personnes que vous souhaitez intégrer à votre entourage.

Les conséquences de l'abandon émotionnel pendant la période la plus vulnérable de notre vie créent un cratère au milieu de notre développement. Le manque d'outils pour connecter et maintenir ces liens nous fera subir les effets dans les relations futures que nous établirons.

Chapitre 15 : Faire de soi-même sa priorité

L'équilibre de nos relations commence par notre capacité à nous aimer. Sans cet amour de soi, nous risquons de donner plus que nous ne recevons. Il est important de se mettre en priorité.

Depuis notre naissance, nous avons appris peu de choses sur l'amour de soi, la priorité que l'on doit se donner, et les soins personnels. Il semble même que prendre conscience de notre valeur, de nos mérites et de nos besoins soit considéré comme de l'égoïsme dans certains contextes.

En réalité, depuis l'enfance, beaucoup d'entre nous ont été accusés d'être égoïstes dès qu'ils manifestaient un intérêt pour leurs propres besoins.

L'amour de soi consiste à être son propre ami, son propre soutien, en acceptant ses faiblesses et ses vulnérabilités. Selon le dictionnaire, l'amour de soi est un sentiment de dignité, d'estime et de respect que chacun doit avoir envers soi-même.

Cet amour de soi se reflète dans nos relations avec les autres. Si nous nous comprenons nous-mêmes, nous pouvons faire des choix qui correspondent à notre vérité, réaliser ce que nous sommes venus accomplir, et construire des relations intimes avec des personnes qui nous ressemblent et partagent nos valeurs.

Est-ce que l'amour de soi est égoïste ?

Pour répondre à cette question, il est important de comprendre ce que signifie réellement l'égoïsme. L'égoïsme est une attitude ou une habitude où une personne ne se préoccupe que de ses propres besoins, intérêts et opinions, sans se soucier des autres. Cette attitude est souvent caractérisée par un amour-propre excessif et un mépris envers les besoins des autres.

Cependant, l'amour de soi est différent de l'égoïsme. En s'aimant soi-même, on ne cherche pas à obtenir l'approbation ou l'admiration des autres. Au contraire, cela permet de mieux écouter les autres, sans jugement, et de percevoir les leçons de vie que les autres peuvent nous offrir. L'amour de soi est un acte d'altruisme qui a un impact positif sur tout le monde, car il permet à une personne de s'accepter et de vivre pleinement son potentiel.

Dans notre vie trépidante, il peut être difficile de se prioriser. Nous avons souvent l'impression que tout est conçu pour donner la priorité aux autres : le travail, la famille, les amitiés, les activités bénévoles, etc. De plus, la solidarité et l'engagement envers la société peuvent nous pousser à nous oublier.

Il est courant de se sentir coupable de prendre du temps pour soi, comme si nous n'avions pas le droit de le faire.

Pourtant, prendre du temps pour soi est essentiel pour recharger ses batteries, clarifier ses idées et trouver un sens à ce que nous faisons. Cela nous permet également de nous sentir mieux dans notre peau, ce qui est essentiel pour donner le meilleur de nous-mêmes aux autres.

En somme, l'amour de soi n'est pas égoïste. C'est un acte d'altruisme qui nous permet de mieux nous comprendre, de mieux comprendre les autres et de vivre une vie plus épanouissante.

Comment se prioriser

Ne vous sentez pas coupable de prendre soin de vous-même. Ci-dessous, nous allons partager quelques façons de vous prioriser. Cela ne signifie pas mettre les autres de côté, mais plutôt de devenir une meilleure version de vous-même pour pouvoir faire plus pour les autres.

1 – Prenez le temps de vous rappeler que vos besoins sont importants. Si vous ne les considérez pas comme une priorité, personne d'autre ne le fera. Il est essentiel de comprendre ces besoins et de chercher activement des moyens de les satisfaire.

2 – Évaluez les aspects de votre vie qui vous causent du stress et considérez dans quelle mesure ils ont de la valeur pour vous. Demandez-vous si cela en vaut vraiment la peine et si cela vaut les conséquences négatives. Vous devez également comprendre si le stress est causé par votre propre attitude et, le cas échéant, chercher des moyens de changer les choses. Dans tous les cas, cherchez un moyen de

contrôler le stress pour qu'il n'influence pas négativement vos actions et celles des autres.

3 – Assurez-vous d'avoir du temps pour vous chaque jour, pour être détendu et ne faire que ce que vous voulez. Il est facile d'oublier vos besoins lorsque vous êtes pris dans l'action et le bruit de tous les jours, lorsqu'il y a toujours quelque chose qui requiert votre attention. Mais vous avez besoin d'un moment pour respirer sans toute cette pression.

4 – Arrêtez de vous reprocher de prendre soin de vous. Et pour commencer, n'expliquez pas. Vous n'avez pas à donner d'explications, vous n'avez pas à vous justifier. Si quelqu'un ne comprend pas, ce n'est pas votre problème, à moins que cela n'implique d'autres personnes.

5 – Comprenez que vous avez le droit de prendre soin de vous, bien qu'essentiel pour les autres. Comprenez cela, et comprenez également que plus vous êtes bien, plus vous serez utile aux autres.

6 – Prenez le temps de faire les choses qui vous font vous sentir mieux dans votre peau, qui vous font vous sentir plus en sécurité et plus fort, qui vous rappellent à quel point vous êtes important. Faites de l'exercice, prenez soin de votre corps, passez du temps à lire, mangez bien, dormez suffisamment.

7 – Acceptez vos émotions et ne vous empêchez pas de ressentir la douleur. Ne réprimez pas la douleur comme si cela faisait disparaître tous les problèmes. Réprimer ce que vous ressentez à propos d'une situation ne fera qu'anéantir

votre bonheur. Vous devez accepter et comprendre vos émotions et vos sentiments.

8 – Reconnaissez et appréciez les personnes positives et édifiantes dans votre vie et montrez-leur votre engagement. Ces personnes vous aideront à vous retrouver et vous soutiendront dans le processus de croissance personnelle dont vous avez constamment besoin.

9 – Cultivez la capacité de comprendre la différence entre ce que vous pouvez changer et ce que vous ne pouvez pas changer, et apprenez à abandonner les choses que vous ne pouvez pas changer. Chaque jour, vous trouverez quelque chose de nouveau que vous aimez et quelque chose que vous pouvez changer pour améliorer votre vie.

10 – N'oubliez pas qu'il n'y a que trois choses dans la vie que vous pouvez contrôler : ce que vous pensez, ce que vous dites et ce que vous faites. Acceptez cela et agissez de manière consciente. Ne vous laissez pas contrôler comme une marionnette et soyez conscient de ce que vous faites et de pourquoi vous le faites.

Conclusion

Lorsque nous parlons d'une blessure d'abandon, nous faisons référence aux pensées et comportements qui sont souvent motivés par l'anxiété ou la peur de perdre quelqu'un ou quelque chose qui nous tient à cœur de manière inévitable. En général, ces effets ont tendance à être une réponse apprise pendant l'enfance qui finit par se normaliser avec le temps.

Les personnes qui ont peur de l'abandon ont souvent vécu une perte, un traumatisme ou un deuil mal géré. En fait, ces expériences peuvent finir par entraîner des problèmes de santé mentale légers, mais qui nécessitent un traitement. Pourtant, il est possible d'apprendre de nouvelles façons de vivre avec ces sentiments sans les projeter sur nous-mêmes ou sur ceux que nous aimons.

Il n'est pas nécessaire de tout résoudre d'un coup. Identifiez un petit pas que vous pouvez faire pour commencer à mieux prendre soin de vous. Ensuite, planifiez un moment pour vous concentrer sur vos besoins. Même lorsque vous sentez que vous n'avez pas le temps de faire autre chose, faites de vos soins personnels une priorité.

Lorsque vous vous souciez de tous les aspects de vous-même, vous constaterez que vous pouvez fonctionner de manière plus efficace et efficiente. La seule personne qui a le pouvoir de changer cela et de rechercher de meilleures performances, c'est vous-même. Et il est normal d'avoir besoin d'un coup de main au début. Il y a des professionnels comme les psychologues pour cela, et ils pourront vous guider.

Les ressources pour répondre à nos besoins sont basées sur une norme générique, mais elles transcendent également quelque chose d'unique pour chaque individu. C'est dans le processus de psychothérapie que ce qui est unique est analysé.

La meilleure chose que vous puissiez faire pour vos proches est d'être en aussi bonne santé et heureux que possible, pour vous-même d'abord... puis pour les personnes qui vous entourent, et même pour le monde. Parfois, cela signifie dire "non". Parfois, ce "non" peut décevoir les autres. Sachez que cela fait partie de ce voyage. Nous sommes ici pour apprendre à choisir et à gérer ce qui vient après... c'est la grande expérience ici. Et cela vous aidera même à dire le « oui » qui résonne le plus avec votre vérité. C'est comme prendre le train de la liberté sans arrêt!

Vivre une vie d'amour-propre, c'est prendre plaisir à être qui vous êtes maintenant. C'est faire la paix avec son corps, ses choix et s'autoriser à être spontanément qui l'on est.

Comme vous pouvez le constater, l'absence d'un père peut avoir des conséquences émotionnelles et psychologiques, mais cela ne signifie pas que vous ne pouvez pas continuer à vivre et être heureux. Se focaliser sur le passé ne changera pas la situation. La première étape consiste à accepter vos sentiments à ce sujet et à réaliser qu'en tant qu'enfant, vous n'êtes pas responsable de l'absence de votre père. Il est important de reconnaître et de valoriser les personnes qui ont été présentes et ont joué un rôle clé dans votre développement, comme votre mère, vos grands-parents, vos parrains et vos amis.

Enfin, si vous vous rendez compte que vous ne pouvez pas surmonter cette douleur, il est peut-être temps de demander un soutien psychologique ou une aide professionnelle.

Printed by Amazon Italia Logistica S.r.l.
Torrazza Piemonte (TO), Italy

59142779R00067